シリーズ　子どもの時間 4

台所に立つ子どもたち

〝弁当の日〟からはじまる「くらしの時間」
香川・国分寺中学校の食育

竹下和男
●高松市立国分寺中学校

台所に立つ子どもたち

〝弁当の日〟からはじまる「くらしの時間」

香川・国分寺中学校の食育

はじめに

〝子どもに家事をさせてみませんか〟

香川県滝宮小学校に勤務していたときに始めた「子どもが作る〝弁当の日〟」は、端的にいえばそんな提案でした。平成一三年度にスタートさせ、今年で六年目を迎えています。そして異動先である国分寺中学校でも「自分で作る〝弁当の日〟」が三年目を迎えました。

戦後の貧しさのなか、（子どもにひもじい思いはさせたくない）と親たちは必死に働き物質的に豊かな社会を築きましたが、皮肉なことに子どもたちが今度は「心の空腹感」を訴えています。

「心の空腹感」とは〝生きている存在感の危うさ〟です。子どもは大人が考えている以上に一人前になろうとしています。親の役に立とうとしています。親に大切にされる存在であることを確認しようとしています。これは子どもたちの人生をかけた悲願なのです。それが満たされてはじめて自分を大切にしたいという自尊感情が芽生えます。そして〝生きていてもいい〟という存在感が心に満ちていきます。この満足感が感じられなくて不安になっている子どもが多いのです。そのことに多くの親や教師が気づいていません。子ども自身も自覚していないし、大人たちに説明する力もありません。いじめや引きこもり、万引き、摂食障害、リストカット、援助交際、薬物乱用……。

こんな悲しい現象は、子どもたちの「心の空腹感」が引き起こす悲鳴だと、私は考えているのです。

「弁当の日」に真剣に取り組んだ子どもたちは、食材の買い出しから母親に同行するようになりました。それまでは一緒に歩かなかった生鮮野菜や肉・魚のコーナーで、新鮮な旬の食材選び、食品表示の見方、調理の仕方を親に聞くようになりました。「ご飯ができたよ」と言わないと台所に来なかった子どもが、夕食の準備を手伝いながら、料理をする手元を観察するようになりました。親が自分のためになにをしているのかをつぶさに見て、今まで食事を作ってくれたことに感謝するようになりました。そして、自分も誰かのために食事を作ることができる人になろうとしました。子どもが作った卵焼きを食べた親が「おいしいよ」と言ってくれたとき、自分は家族のなかで役に立つ存在であると喜びました。こんな時間を、私は「くらしの時間」と呼んでいます。「弁当の日」は家庭のなかに「くらしの時間」を生み出すのです。

滝宮小学校の「子どもが作る〝弁当の日〟」は「地域に根ざした食育コンクール2003」で最優秀賞の農林水産大臣賞を受賞し、新聞・テレビ・ラジオで広く報道されています。私は「〝弁当の日〟で日本を変える」と訴え続けています。変えるのは子どもではなくて、子どもが育つ環境です。親は絶対に手伝わない。子どもだけで弁当を作る「弁当の日」。これをきっかけに、子どもが家事を始めたとき、あなたの家族にとって、とてもいいことが起きるのです。

こんな単純な「食育実践」を始めてみませんか。

台所に立つ子どもたち◎もくじ

中学校にやってきた「弁当の日」

「弁当の日」を支える教職員たち

子どもを台所に立たせよう――子育てと食育

装丁◎小林敏也
写真◎12、21、119頁は渡辺智子、
12頁下、96頁下は編集部、
それ以外は竹下和男撮影

プロローグ

◉

「弁当の日」のある中学校

ルポ・2005年10月11日

クラス全員で「弁当の日」記念

「ほら、早く手を洗って！　洗った人からお弁当を出してください！」

今日は国分寺中学校の今年初めての「自分で作る〝弁当の日〟」。午前中の授業が終わってザワザワしだした一年五組の生徒たちに、担任の先生がはっぱをかけた。

一年生の教室は、ロの字型の校舎の一階にある。教室から廊下に出ると、中庭に面する壁がない。生徒たちはそのまま中庭を横切って、校舎の対面にある手洗い場に向かって、バラバラと歩き始めた。前日にしとしと降っていた雨で、中庭の歩道はまだ所どころ濡れていたが、そんなことはみんな、気にならないみたいだ。

手を洗い終えた生徒から教室に戻って、制服の上にかっぽう着を羽織り、帽子をかぶった。先生はデジタルカメラを構えて、お弁当箱が開けられるのを待っている。生徒が作ったお弁当を記録するためだ。

しかし、当のご本人たちは、自分のお弁当をほかの人より先に開くのが恥ずかしいのか、教室に戻ってきてもなかなかお弁当を出そうとはしない。

「はい、出して。食べる時間がなくなっちゃうわよ」

先生に間近に寄って来られて促され、生徒たちはもぞもぞしながらお弁当を机の上に広げた。卵焼き、のりを巻いたおにぎり、ベーコンと野菜の炒め物、オムライス……彩りよく盛られたお弁当が、それぞれの机の上に花開いた。先生は一つひとつ机を回って、生徒全員のお弁当をカメラに収

どれどれ？

めていく。

「じゃあ、みんなほかのお友だちのお弁当も見て回ってねー」

　生徒たちは友だち同士で連れ立って、順繰りにほかの生徒たちのお弁当を見て回りだした。大きなタッパーにたくさんつめてきた子、使い捨てのパックにつめてきた子、黄色い小さなお弁当箱……。ある子のお弁当がひときわみんなの目を引いた。バスケットにコップを並べ、そこに唐揚げやレタスなどを器用に盛り付けて、街中のカフェっぽい雰囲気を作り出している。

「すごいねー」

「オシャレー」

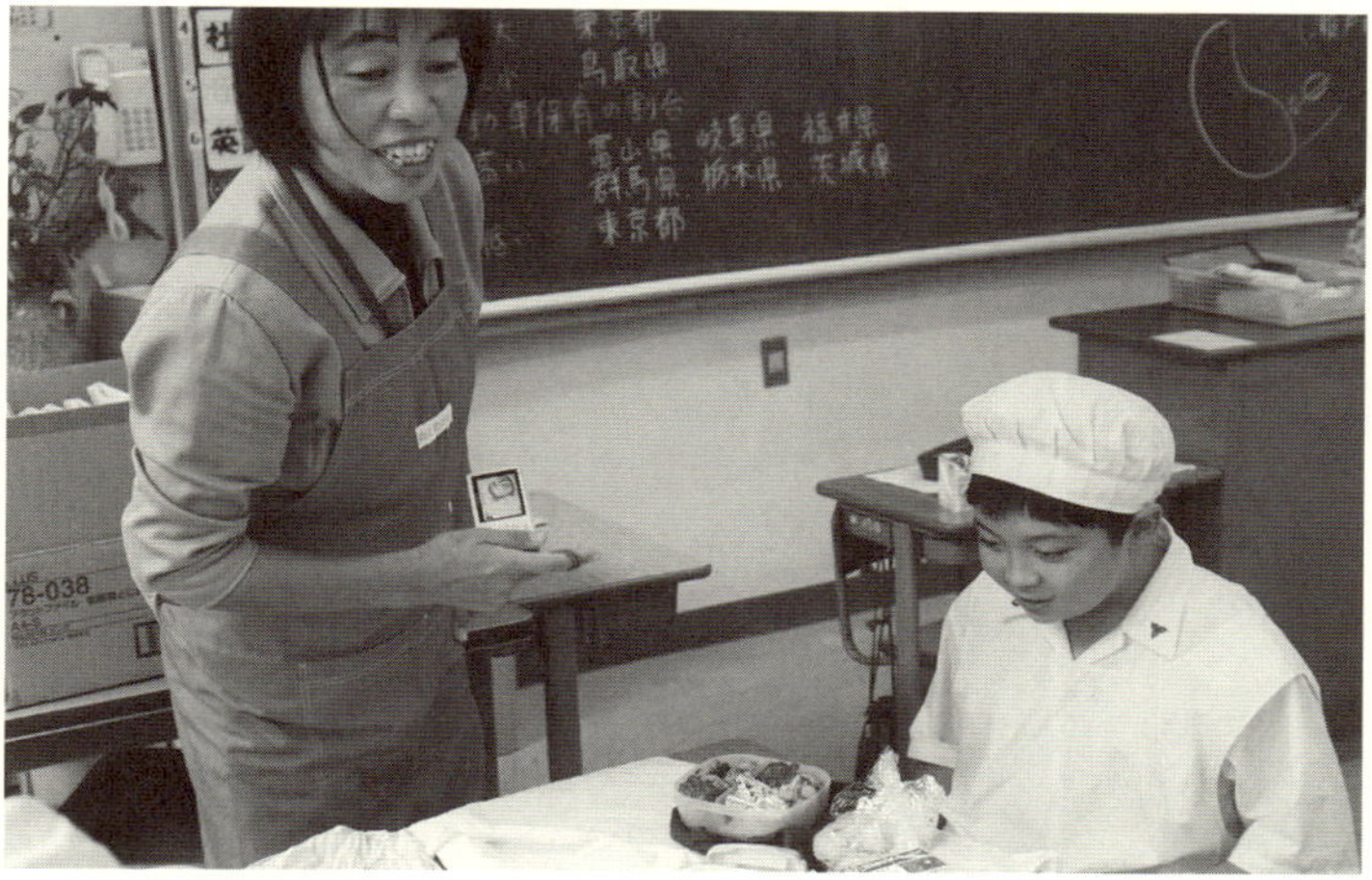

一人ひとりの弁当を記録に

女子も男子も立ち止まってのぞき込んだ。

面倒くさいけど、楽しい

香川県国分寺中学校は、香川県の真ん中からやや北よりに位置する。歩いて一〇分ほどのJR端岡駅から、県庁所在地の高松駅まで三駅という、都市近郊農村にある。生徒数は平成一七年度五月一日で七三九人、県内で六番目に大きな中学校だ。この学校では一六年度から「自分で作る〝弁当の日〟」を始めた。メニュー作りから買い出し、調理、片付けまで一切を生徒一人ひとりがするというもの。この日は、一・二年生全員がお弁当を作って持ってきた。

校舎二階に上って二年生の教室に行くと、すでにお弁当を食べ始めていた。静かに行儀よく食べている。前年に「弁当の日」は経験済みなので、

興奮することもないのか。遠慮がちに教室に入っていくと、

「先生！　オレ、四時半に起きて作ってきたよ。本当は三時半に起きようと思ってたけど、目覚ましがならなかったんだ」と、大きな声で男子生徒が先生に呼びかけた。

「すごいなあ。それなら、お母さんの大変さがわかるだろう？」

合点がいかないような顔の生徒に、さらに先生が言葉を重ねる。

「高校生になったら、弁当が毎日だからな」

「そっかー」というと、その生徒は黙々とお弁当を食べ始めた。

お弁当を食べ終わると、午後の授業が始まるまでの短い間、校内ははしゃいで遊ぶ生徒たちの喧騒に包まれた。中庭には芝を敷いた

おいしそうだろ？

部分もあり、通路にはベンチも置かれている。お弁当を片付けた生徒たちは、教室から飛び出して、廊下や中庭で友だちどうし話をしたり、取っ組み合ってじゃれている男の子たちもいる。

そのなかで、一年生の男子に感想を聞こうと話しかけた。インタビューを始めると、同学年の友だちが五、六人、互いに飛びついたり、肩を組んだりしながら、ワイワイと集まってきた。なにを聞かれているのか興味津々、チャンスがあれば自分も答えたいといった様子だ。

男子たちは、台所に一人で立つのは初めてという子が多かったが、あまり不安は感じなかったという。一人は「包丁を初めて握ったので怖かった」というのだが、彼が一番張り切ってお弁当作りに取り組んでいたようで、「サンマを切ってね、内臓を出して、焼いてもってきた！」と、興奮気味に話してくれた。そのサンマの塩焼きをメインに、おかずを六品も作ったという。それでも友だちのお弁当を見て、「次はもっと品数を増やしたい」と、もう次回に向けて意欲満々だ。

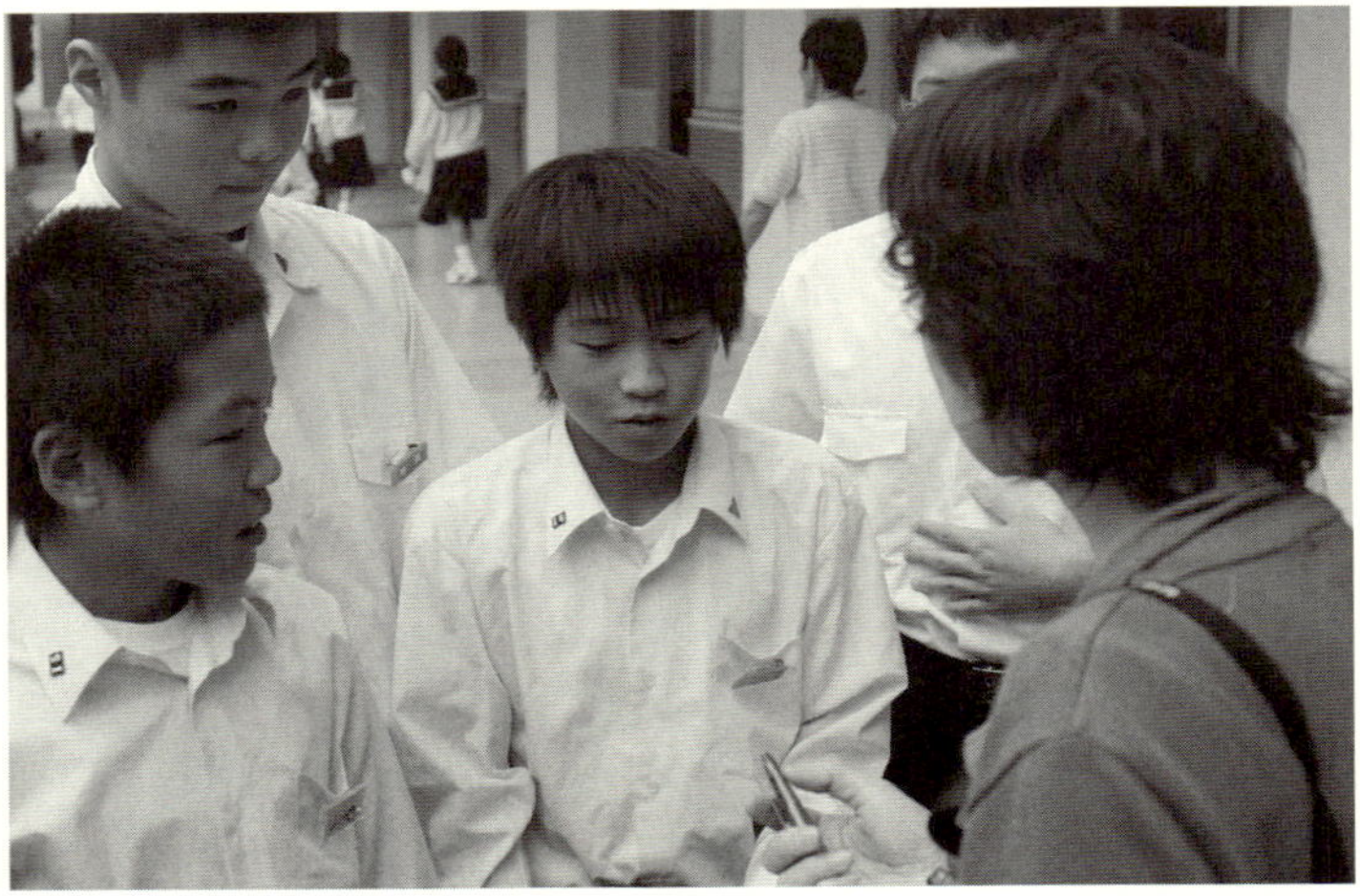

お弁当作るの、どうだった？

「朝、いつもより何時間ぐらい早く起きたの？」と質問すると、「僕は二時間早く起きました」「おれは三時間！」と口々に答えた。が、目には眠気を感じさせない輝きがあった。

「〝弁当の日〟、楽しかった？　お弁当作ってよかった？」との質問にも、「楽しかった！」「おもしろかった！」と、勢いよく答えてくれた。

ただ一人、「あんまり楽しくなかった」と答えたのは、ポテトサラダや焼きシャケのお弁当を持ってきていた子。彼は、いつもより三〇分早く起きただけでお弁当を作り上げたという。

「あまり早起きしたくなかったから、前の日に作って、朝は詰めてくるだけにしました。そのために、前の日に準備できるメニューを自分で考えました」。嫌なことを早く済ませるために前日から用意する、その前向きな行動に感心してしまった。

近くのベンチに腰をかけて話している一年生の女子四人にも声をかけた。女の子たちははにかみも入って、男の子たちのように元気よく答える年ごろではないようだ。「えーっ」と驚いてある子はうつむき、ある子は友だちのほうを向いて、あまりこちらを見ないようにしている。それでも話しているときは、こちらの顔をまっすぐに見て答えてくれる。

日ごろは家で家事の手伝いをしているのだろうか。

「いつも手伝っているわけではないけど、一人で台所に立っても別に不安はなかったです」

四人ともいつもより一時間早く起きたという。全体の様子を見ても、一部の男の子のように二時間、三時間と張り切って、もしくは興奮して、早起きしてお弁当を作ってきた女子はいなさそうだ。一人の子は四〇分でお弁当ができたそうだ。初めてお弁当を作るのに、一時間でできるとなぜわかったのだろう。尋ねても歯切れのよい返事がないので、「なんとなく、かかる時間がつかめてたのかしら?」と話をふると、気恥ずかしそうにうなずいた。

「〝弁当の日〟、楽しい? おもしろかった?」と尋ねると、「めんどくさい」との答え。事前のメニュー作りがむずかしかったという。これはさっきの男子たちも共通してむずかしいと言っていた。「なにを作ったらいいか見当がつかなかった。でも、お弁当作りにテーマが決められていて、それがメニューのヒントになりました」という。

「どうだろう、お弁当作りをやってよかったことってあるかな?」と聞くと、一人の子が「自分一人でできる自信ができた。ね?」と隣にいる友だちに同意を求め、みなそれぞれに「うん」と首を縦にふった。

何人かの話からすると、男子のほうが屈託なく「弁当の日」を楽しんでいるようだった。男子のほうがより幼さを残していることと、台所に立つ機会が女子より少ないための物珍しさが手伝って、弁当作りを楽しめたのかもしれない。

部活動が忙しいから、あるいは、面倒くさいから「〝弁当の日〟をやめてほしい」という生徒の声もたしかに聞いた。しかし、それよりも「自分で考えたものを、自分で作ることができておもし

STREET
MUSIC

ろかった」という生徒の言葉が心に残った。

賛成ばかりではなかった導入

取材に行って気づいたことのひとつに、食事の時間が静かだったということがある。少し話し声は聞こえるものの、校内放送の音声がより大きく教室に響く。自分が中学生のときは、こんなに静かにお昼を食べていただろうかと、遠い記憶を呼び起こすと、やはり、もっと声高におしゃべりしていた風景を思い出した。

「弁当の日」を実施する予定ということで見学に来ていた倉敷市の教職員の方も、「この学校の生徒は礼儀正しいですよね」と感心していた。お弁当の時間の前にも、特別教室から帰ってくる生徒たちが、すれ違うたびに「こんにちは」と会釈をしていたのだ。

「国分寺町にある三つの小・中学校はすべて自校式給食を行なっています。自校式だと、片付け時間などの制約が少ないので、給食指導が行き届きます。一人ひとりの食事に関する課題に合わせた指導ができるのです。このため、ほかの町の学校に比べるとこの学校の生徒は、食べ残しが少ない。食べ残しが少ない学校では、生徒たちの行儀もいいように思います」と家庭科担当教員の眞邉国子先生は言う。

自校式給食、行き届いた食事の指導、素直な生徒たち……。この「弁当の日」というのは、そう都市化の進んでいない地域だからできるのではないか。日ごろ思い描いている中学生のイメージ、つまり、反抗期でつっぱっていたり、見知らぬ人を相手にはほとんど話をしなかったり、背伸びして大人ぶっていたり……そんなイメージとは、ここの生徒たちは違うのだ。学校の雰囲気もなにかしら落ち着いて感じる。

「いや、ここにだって課題のある家庭に育っている子はいる。そんな家庭を変えるために実施しているのです」

校長先生はカメラマンでもある

「弁当の日」実施の旗振り役、竹下和男校長の言葉は静かで、しかし信念を感じさせる強さが込められていた。

平成一六年度に初めて国分寺中学校で「弁当の日」が実施された後、二人の生徒が校長室にやってきて、「弁当の日」をなくしてほしいと訴えた。

「私たちの仕事は食事を作ることではなく、食べることなんです」

つまり、家事などしなくてもよいと言われて育ってきたというわけだ。家事に慣れていない者が台所に立つと邪魔、そんなことより勉強をしてほしいという、親の意向が如実に表れている。実際、親がお弁当を全部作ってしまったケースもあったらしい。そこまでいかずとも、

「朝の忙しいときに、子どもに台所をうろちょろされると邪魔」

「後片付けなど、親のほうが大変」

「子どものお弁当のために、いらないものまで買わされて、家計の負担だ」

というような声は、親同士の間で交わされていた。

生徒たち自身も、全員参加することになっている部活動で、毎日帰りが夜七時、八時になる多忙な日々を送っている。

「部活で朝練習があるから、〝弁当の日〟はないほうがいい」と、いかにもおざなりなお弁当を作ってきた生徒もいる。そして、三年生の夏に部活動を引退したら、高校受験はもうすぐそこだ。今回の「弁当の日」は、間近に迫った模擬試験に配慮して、三年生だけ翌週に実施された。

なんでも新しいことを始めるにあたっては、満場一致で賛成されることなど少ないだろう。反対されることを覚悟のうえで、「弁当の日」を国分寺中学校に持ち込んだ竹下校長は、生徒に、そしてその家庭に、なにを伝えたかったのだろうか。

どれくらいゆでればいいのかな……

吹きはじめた「食」への関心という風

「弁当の日」は学校の行事だが、実際にお弁当を作るのは各家庭だ。担任の先生も把握しきれない家庭こそが「弁当の日」の舞台と言える。そこではそれこそ百人百様の出来事が起きている。

三年生の多田孝史くんのお母さんの由美さんは、今回が中学生活最後の「弁当の日」なので、前の日のお米洗いから全部一人でやらせようと決めた。晩ごはんのお米は計画的に少なめに炊いて、お弁当の分まで残らないようにしたのだ。

「ご飯ないから、お米は今のうちに洗っておいたほうがいいよ」と孝史くんに促し、由美さんは自分が手伝ってしまわないように背中を向けて座っていたのだという。

孝史くんは渋々お米を洗い出したが、とぎ方を忘れてしまったらしく、一度すすいだお米にまた水を注いで、ちゃぷちゃぷと音を立てていた。由美さんは、息子のド忘れに笑いをこらえていたが、高校生のお兄さんが、あわてて止めに入った。孝史くんも、「……なにか違うとは思いやってん」。

由美さんはお腹が痛くなるほど大笑いしたという。

三年生の西村美紀さんは、「もてなす（○○に食べてもらいたい弁当）」という、お弁当を作る際に与えられたテーマを聞いて、「すぐにお母さんに作ろうと思った」という。西村さんの家庭は一人親家庭で「いつも夜遅くまで私たち姉弟のために働いてくれているから」と、感謝の気持ちをお弁当に込めて作った。

「『母さんってなにが好きだっけ、楽しみにしててね！』と、私のために一生懸命考えて作ってくれて、すごくうれしかった」と、母親の朋子さんはいう。朋子さんが会社で、美紀さんが作ってくれたお弁当を開けると、そこには日ごろの感謝の気持ちを綴った手紙が添えてあった。

「手紙を書いてくれるようにまで成長してくれたのがうれしくて。私にとっても忘れられない〝弁当の日〟になりました」と、朋子さん。美紀さんの手紙は、手帳にはさんで常に持ち歩いているのだという。

これほどにドラマチックではなくとも、「弁当の日」はそれぞれの家庭に、大なり小なり、いいことも悪いこともありの、新しい風を吹かせたことだろう。

はじめはお弁当を作ることに乗り気ではなかった三年生の佐治勇輔くんは、作っていくうちに台所に立つのが好きになったという。三年の「弁当の日」には、ほかの人が考えないようなものを作りたいと、ライスバーガーに挑戦した。自らの評価も「抜群の出来！　お弁当をお母さんにも食べてもらうのがうれしくてワクワクした」。

池畑陽平くん（三年生）は、以前からたまに台所に立つ料理好きだったが、回を重ねるごとに、クラスには面倒くさいという声が増えていくので、「かえって親がいつも作ってくれているのがすごいことなんだなあとわかった」という。

「うちの子は、〝お弁当の日〟を経験して、前よりお手伝いするようになったということはないの

先生方も弁当持参

です。けれども、私が台所に立っていると、『これってどうやって作るん？』などと尋ねてくるようになりました。一緒にアップルパイを作ろうと手伝わせたときも、『アップルパイの作り方なんて、どうやって知ったん！』ですって。子どもの視点が今までの視点と変わってきたと感じています」（多田由美さん）。

「弁当の日」は年に何回も行なわれるわけではない。それでも子どもたちに変化が見られるということは、ひとつには「自分で考えて作ったお弁当を、学校に持っていかなくてはならない」という非日常性にあるのかもしれない。しかしもうひとつ、今の子どもたちにとって、料理をはじめとする生活に関する雑多なことごとが、馴染みのないことになってしまっている現状があるからと言えるだろう。

子どもに家事の手伝いをさせるためには、一からやり方を教えなくてはならない。あわただしい日々の生活のなかでその時間を捻出するのは、仕事を持つ母親が増えた現在ではむずかしい。すべて親がやってしまうほうが、早くて簡単だ。

しかし、「弁当の日」によって、家事や暮らしの大切さを伝えてこれなかったと気づいたと語ってくれるお母さんも多かった。

「頭では子どもに手伝いをさせないといけないと思っているが、忙しくてつい自分でやってしまう。〝弁当の日〟でもないと、子どもに手伝いをさせる機会を与えられない気がしていて」と三年生男子生徒の母、藤田京子さんは、「弁当の日」が実施されてよかったと思っている。

平成一六年度に二番目の娘が国分寺中学校を卒業した中山美恵子さんは、「弁当の日」によって、むしろ親のほうが勉強になったと考えている。

「下の子は弁当作りを経験しましたが、上の女の子はそれを体験しないで高校に進学し、この春から専門学校生として都会で下宿を始めました。家を出る前に、いろいろノートに書き留めていったのですが、どうもうまくできないようです。失敗しないとできるようにならないこともある。それを親が我慢してやらせておくことが大切なのですね。〝弁当の日〟で親が我慢できるようになったのではないかしら」

日常で気づかない、子どもの意外な一面を知るきっかけにも、「弁当の日」は一役買っている。

「一緒にスーパーに行ったとき、買い物かごを持ってくれて、そのさりげなさに、この子は優しいんだなとあらためて気づきました」と、三年生男子の母、石床奈美さんは言う。「弁当の日」がなければ、一緒に買い物に行くことすらなかったかもしれない。

教育効果よりも大事なこと

生徒・保護者に話を聞くたびに、まわりの友人や保護者が「弁当の日」についてどう思っているのか、反対の声は上がっていないか尋ねてみた。しかし「みんなお弁当作りを楽しんでいる」とか「反対の声は聞いたことがない」との返事が多く、生徒・保護者の大半は、「弁当の日」を歓迎している、あるいはひとつの学校行事としてとらえていることが見えてきた。

「たしかにここの生徒は素直でノリがいいと言えるかもしれません」と、佐治勇輔くんの母、明美さんは「弁当の日」が受け入れられた学校特性を挙げた。多田由美さんも「お母さん方も、授業の一環とか、部活とかと同じ感覚でとらえている人が一番多いのではないかと思います」と言う。

学校のことには従うという風潮は、都会より強いのかもしれない。しかし、一年目は希望したクラスのみの実施であったにもかかわらず、ほぼ半数のクラスで実施。二年目にして全校行事に踏み切ってしまうには、指導する側にも、それ相応のものが求められるにちがいない。

「弁当の日」には学級担任だけでなく、副担任の先生もお弁当を持ってきて、生徒たちと昼食をともにする。クラス全員のお弁当を写真に撮るのは、暗黙のうちに担任の役目となっている。それをさらにファイルにまとめて三者面談をする教室に貼り出したり、各家庭に回覧した先生もいる。

生徒どうし、来校者も注目

「〝弁当の日〟を実施するために、いろいろ大変なことはありますが、担任の先生方がとても協力してくれています。昨年は経済的に困っていて、おかず代が用意できないという生徒に、食材を担任が用意して持っていったということもありました」と眞邊先生はいう。

眞邊先生自身も、従来なら栄養バランスのことなどを先に教えてから、お弁当作りの指導にかかりたいところを、まず「弁当の日」を実施するという方向に転換して指導にあたってきた。メニュー内容についても、生徒たちの意欲を削がないように、少しおかずを足したり変えたりすればもっとバランスが取れるという提案にとどめて、指導面でも生徒の自主性を活かす心遣いをしている。

「〝弁当の日〟は、とにかく作ってみることが先。生徒の意欲の差は大きく、教育効果についてあまり多くは期待しないけれども、少しずつ理解していってくれたらいいかなと思っています」と、眞邉先生は生徒たちを長い目で見守る大切さを訴えていた。

（ライター　渡辺智子）

「弁当の日」と三つの時間

給食というものがある学校で「弁当」と聞けば、遠足や運動会など特別な日に親が作るものとイメージするのが当然です。でも、私の提案する「弁当の日」は「子どもが自分で弁当を作って学校に持ってくる」というものです。まず、この「弁当の日」の方法論と、その背景にある子どものくらしについて述べてみます。

「弁当の日」の三つのきまり

前任の滝宮小学校の「子どもが作る〝弁当の日〟」は「子どもだけで作る」「五・六年生だけ」「月一回・年五回」の三つのきまりがあります。

このきまりのなかには、「教育の不易と流行」の「不易」の隠し味が入っています。「不易」とは時代が流れても変わらないものです。たとえば「子どもは遊びの天才である」という言葉がありま す。これは「子どもという生きもの」の本質を突いた言葉ですから、江戸時代の子どもにも現代の子どもにも通じる「不易」の言葉です。一方、「流行」とは時代の流れに合わせて現われて、やがて消え去ってしまうものです。「流行」はダメ、ということではありません。「流行」も担うべき役割があって登場しています。その役割が終われば消え去るだけのことです。

この三つのきまりで「弁当の日」をスタートさせる前に、ＰＴＡ役員の二人の母親に話しました。「包丁を持たせたことがない」「ガスを点けたり消したり、させていない」「朝早く起きられるはずがない」ことを理由に、「実施はむずかしいですよ」がその反応でした。滝宮小学校の教員のなかにもそう考えていた人がいました。「子どもって、やるもんですよ」が私の答えでした。

実施する前に「弁当の日」のきまりをお話しただけで、綾南町の宮脇義文教育長は即座に「それはいい。思いっきりやりなさい。『なぜいいか、実践する前に説明をしろ』と言われたら、すぐにでも一〇は理由をあげられる」とおっしゃいました。実施の二週間後に、同じ車に乗りあわせて「弁当の日」のことを聞いた末本ミツエ滝宮校区婦人会長は「それはええことや」とおっしゃってくださり、婦人会は熱烈な応援団になってくださいました。このお二人は、三〇年以上も教職にいた方です。

また、老人会の会合へ講演に行くと、三つのきまりを上げるだけでニコニコとうなずいておられる方が多いのです。（そのきまりなら、うまいこといくはずや）という表情です。一番印象に残っているのは、二年前の講演会で最前列に座っていた陽気なおばあちゃんです。二〇人くらいの規模でしたので和やかな雰囲気にしようと、おばあちゃんに話しかけるような方法をとったのですが、途中から漫才のようになりました。おばあちゃんは、全く知らない滝宮小学校の子どもたちが「弁当の日」に取り組んだ様子を、まるで見てきたかのように話すのです。「なんで?」とふると「そんなん、きまっとるがな（そんなこと、わかりきったことだ）」と、ついには、きまりの隠し味まで見事に説明してくれるのです。私は（このきまりが不易だからこそ通じるんだ）とうれしくなり、何度も笑いました。おばあちゃんも、知らない学校の子どもの成長を次々と言い当てたので満足そうでした。

これらは、ここに紹介した年配の方々が「子どもという生きもの」の本質を知っているから起きた現象です。

「弁当の日」のきまりは、日本国中のどこの小学校でも実施できることを考えて作りました。特別熱心な、指導力のある家庭科の先生がいなくても、(「弁当の日」に取り組めば、子どもが育つだろうな)と信じて行動に移る先生がいればできるのです。とくに校長が「よし、やってみよう」といえば可能な実践方法です。では、なぜ三つのきまりで子どもが育つのでしょうか。

きまり1「子どもだけで作る」

このきまりに、サブテーマのように「親は手伝わないでください」というフレーズをつけて訴えたのには、ふたつの理由があります。ひとつは、親に負担をかけたくなかったこと、もうひとつは子どもが自立をするためには、親は手伝わないほうがいいからです。

学校が子どもたちに「弁当を作って持ってきなさい」とだけ言うと、親は必ず手伝います。いや、もしかすると、親が弁当作りをして、子どもが少し手伝うだけになるかもしれません。

親に負担をかけないようにするには、「親は絶対に手伝わないでください」とハッキリと言い切ることです。このフレーズは「弁当の日」導入に際して「親からの反対防止対策」のように言われることがありますが、「親への負担軽減対策」なのです。でも、それ以上のねらいは子どもたちの

滝宮小はランチルームで給食をとる

「自立」にありました。

子どもが弁当作りをしていて、巻き寿司を巻くところだけ、コロッケを揚げるところだけ、弁当箱に盛り付けるところだけを親と一緒に一〇回しても、「弁当を作ったことがある」とは言えても、「弁当を作ることができる」とは言えないのです。

このふたつの言葉には雲泥の差があります。前者は、親がいなければ巻き寿司を巻く前までの調理はなにもできません。コロッケにパン粉をまぶすまでの調理や、鍋の油を適温にすることがなにもできないのです。これでは親が一人でするより手間がかかるばかりです。成果が上がらず疲労だけが残ったのでは、実践の意味がありません。現実に、親が手伝い続けて、そのうちに子どもが自分で作ろうとしなくなり、「〝弁当の日〟は意味がない」と感想をもらした母親がいました。子どもが弁当作りに意欲を示さなくなったとき、親の過干渉が原因していることが多いのです。「簡単なこともできない」「危なっかしい」「無駄が多い」「言ったようにできない」「台所がよごれる」「段取りが悪い」……。意気込んではいるけれど、口先ばかりで未熟な子どもに弁当作りをまかせ切ることなんてできない、というのが多くの親のホンネです。

でも親は、(これまで台所に立たせずに育ててきた結果だ)と考える必要があるのです。それは(これから台所に立たせれば、できるようになる)と同じ意味です。初めから親と同じレベルで調理できるはずがありません。

早朝の弁当作りに際して、子どもが親の援助を期待し、親がその期待に応えることで親としての満足感を抱いているとしたら、「自立」には到達できません。

なんとか自分一人で弁当作りをくり返すうちに、「自分の食べるものを自分で作ることができる」ようになると生まれてくる自信の大きさを、大人たちは認識すべきです。親は、自分がいなくなっても生きていける人間にするために子育てをしているのです。

「親は絶対手伝わないで」とくり返され、「弁当の日」は学校給食がストップされるとなると、子どもたちは真剣に家庭科の授業を受けるようになります。わからなければ質問をし、不安であれば休日に自分で練習してみます。友だちと情報交換をし、スーパーやコンビニで食品棚の弁当を観察します。献立をたてるために本を買い求めたり、立ち読みをしたり、図書室へ行きます。親と一緒にスーパーへ行き食材を覚えていきます。子どもに内在する「生きる力」が目覚めていくときです。一人前になりたさに、親のすることを観察するようになります。

「子どもだけで作る」というきまりは、「自立」をねらっているのですが、逆説的な言い方をすると、献立から片付けまで一人でできるようになると、子どもは「自分一人では弁当を作っていることにはならない」ことに気づきます。自分のまわりに家族がいて、社会があることを知るのです。

米や野菜を作る人、牛や豚を育てる人、それらの食材を運ぶ人、売る人、買うお金を稼いでくれる人、鍋や包丁を作った人、ガスや電気を家庭に送ってくれる人……。自分が見ていないところでたくさんの人が働いてくれたおかげで、自分の弁当作りができることがわかるのです。ですから子どもは、弁当作りで親から離れる「自立」をするのではなくて、たくさんの人たちのおかげで自分があると「気づく」のです。私は、この「気づき」を「自立」と言っているのです。

自分は誰に頼らなくても一人で生きていける、なんて考えたとしたら、それは「自立」ではなくて「孤立」なのです。

きまり2「五・六年生だけ」

このきまりの隠し味は通過儀礼です。

現実的には、家庭科の授業が五・六年生にしかないことから考えたきまりです。「弁当作りの基礎的な知識と基本的な技術を、学校が責任を持って教えます」という学校側の構えを説明してからスタートするわけですから、調理の授業が必要なわけです。

後任の末澤敬子校長が「弁当の日」を継続してくださったので、滝宮小では「弁当の日」を始めた年に一年生だった子どもらが高学年になり、弁当作りに取り組むようになりました。年上の子が五年生になると、月に一回、自分で作った弁当を食べているのを四年間見てきているのです。他校から異動してきた先生が「滝宮小学校の子どもは、五年生になったら自分で弁当を作るつもりでいる」と言いました。このように、発達段階の過程で適度の壁を乗り越えさせるシステムを通過儀礼と言います。子どもたちは、上の学年の活動を見て「○年生になったら、△△ができないとかっこ悪い」と考えているのです。少し酷な一面もあるのですが、これは一人前になりたいという子どもの内発的動機をうまく刺激する方法です。一年生から四年生の期間は空白の期間ではなく、意欲が醸成される大切な四年間なのです。

これを思いついたのは、滝宮小学校区秋季大運動会で四年生が毎年一輪車の演技をしていることがきっかけでした。この日は、一年間の学校行事で地域の人が最もたくさん小学校に集まります。校区の運動会ですから、商工会や体育協会、敬老会、婦人会、消防団など、在校生の家族以外の人たちも大勢参加します。

四年生は一輪車に乗って広い運動場のなかを短距離走をしたり、縄跳びをしたり、手をつないでぐるぐる回ったり、ボール遊びを演じるのです。一輪車に乗れない子は、この演技時間の間、乗ろうとしては落ちる、乗ろうとしては落ちるとくり返しています。

「わが子が一輪車に乗れない。かわいそうだから運動会種目からはずしてほしい」という母親の声が私のところに届きました。私の答えは簡単です。「それならかわいそうな思いをさせてください。そのことが、子どもの将来にとって大きなプラスになります」。

毎年、運動会の翌日から、競うようにして三年生が一輪車の練習を始めます。運動の苦手な子どもほど、練習の開始が遅くなるようです。したくないから先送りをするのです。間際になって焦って取り組んでも、とうから乗れるようになっている子のようにはできません。運動会が近づいて、学校に行くことも渋るようになっているわが子を見て、私に訴えてきたのです。

「できないのはかまわないが、しないのはいけない」というのが、私の基本姿勢です。体に障害がある子にも、ほかの子と同じ距離を一緒に運動会の徒競走で走らせます。冬のマラソン大会も同じ距離を走らせました。担任や指導の先生の努力には頭が下がりました。勝ち負けより、同級生と同じだけ走ったわが子を、親もほめていました。本番で見学させるとか、距離を短くしてゴールのタイミングをそろえるといった「教育的配慮」を私はしません。国分寺中学校に異動してから一度だけ、滝宮小学校の「弁当の日」を視察したことがあります。とても大きな障害のある子の「手作

やってみたいな、できるかな

りおにぎり弁当」を見て、私は胸が熱くなりました。末澤校長もとても喜んでいました。

現代は、通過儀礼の手法をうまく学校教育に取り込むべきだと考えています。ちょっとハードな登山や遠泳、〇〇キロメートルウォークなどを取り入れている学校がよく見られるのは、通過儀礼の発想です。

鹿児島県のある小学校が、四年生対象に鹿児島湾を遠泳で横断する実践を知って、私は「弁当の日」と同じ平成一三年度に、六年生対象に「剣山（一九五五メートル）登山」をスタートしています。これも五年目を迎えていますが、子どもたちは厳しい課題に本当に意欲的に取り組もうとします。でも、今の学校現場では、安全に気をかけすぎて実践をためらう傾向があります。

さて、「五・六年生だけ」というきまりを作りながら、実は少し不本意なことがあります。現代医学では、微妙な高次の味覚を楽しめる感性（舌や口腔の機能）は三～九歳に形成されるという説が主流です。「一〇歳までが限界」という料理人がいます。それなら小学校五・六年生（一〇・一一歳）では少し遅いことになります。対応策として、「弁当の日」以前の四年生までに、優れた味覚の形成をねらった取り組みをしておく必要があるように思います。

きまり3「月一回、年五回」

このきまりの隠し味は、インターバル・トレーニングです。つまり、ひと月間隔のくり返しが、技量の大きな向上を現実化するのです。そして、くり返しが「つい手伝ってしまう親」「つい手伝ってもらう子ども」の意識改革を実現するのです。

実施一年目の初めての「弁当の日」に、自分だけで弁当を作った子どもは少なかったでしょう。また、「自分だけ」の判定はむずかしく、調査もむずかしいのです。でも子どもどうしは、本当に一人で作ったのか、少し手伝ってもらったのか、ほとんど作ってもらったのか、お互いの表情で感じているのです。先生のいないところでは、子どもどうしの正直な会話はなされているようです。ところが、二回目からは自分で作る割合が増えてきます。それは、本当に自分で弁当を作った子の表情の影響です。（今回は、お母さんがご飯を炊いてくれたけど、今度は自分で全部やってみよう）（卵焼きだけしか作っていない。今度はサラダも自分でやろう）と、子どもどうしが考えるのです。もし「弁当の日」が一年で一回なら、再挑戦することなく終わってしまいます。でも、名誉挽回の機会は一か月後にやってくるのです。この一か月間にやってみたいことがたくさん見えてきます。課題をしっかり見つける子どもは一か月ごとに成長していくのがわかります。「弁当の日」以外でも台所に立ったり、お母さんの仕事を手伝いながら技を盗んだり、教えを受けているのです。（自分で作れるようになろう）としていますから、理解度もあがります。本屋で料理の本を見たり、スーパーに買い出しに行ったりしたときにも頭のなかで料理することをイメージしているので、レベルは向上しています。

「弁当の日」がくり返されると、習得した技術をクラスのみんなに披露できるチャンスが増えます。（友だちやみんなに自分の努力が認めてもらえるぞ）と、うれしくなるのです。

「評価しない」がキーポイント

「弁当の日」の三つのきまりに、あえてもうひとつ付け加えるなら「弁当のでき具合を評価・評定しない」ことです。全国に広がっている「朝の読書運動」で言えば、「読書感想文を書かせない」

に当たります。

子どもたちは、友だちや先生から「おいしそう」「どうやって作ったの」「弁当屋さんの弁当以上や」「僕の弁当と少し交換してほしいな」などと言われるのを喜びます。でも、「栄養のバランスが少し悪いから九〇点」とか「〇君のより△さんのが、彩りがいい」とか「冷凍食品が二種類もある」という評価・評定・比較を嫌います。

友だちや先生に評価されたり、比較されたりして取り組むより、自分自身で友だちと比べてみて（よし、今度は……）と発奮し、切磋琢磨するほうがずっと楽しいのです。

「弁当を食べるのが楽しい」だけでなく「作ることが楽しい」という子どもたちも多いのです。それは子どもの人生にとって、とてもいい宝物を持たせたことになると思っています。「作ったことがある」から「作ることができる」へ、そして「作ることは楽しい」へ発展するためには、適度の間隔をあけて、適度にくり返すことが大切です。どれくらいの回数や間隔が適度なのかは、学校の実態によって変わってくるだろうと思います。

育ちの基礎となる「くらしの時間」

「弁当の日」を実施すれば、自然に健やかに、子どもが大人に成長していきます。「弁当の日」の

三つの時間

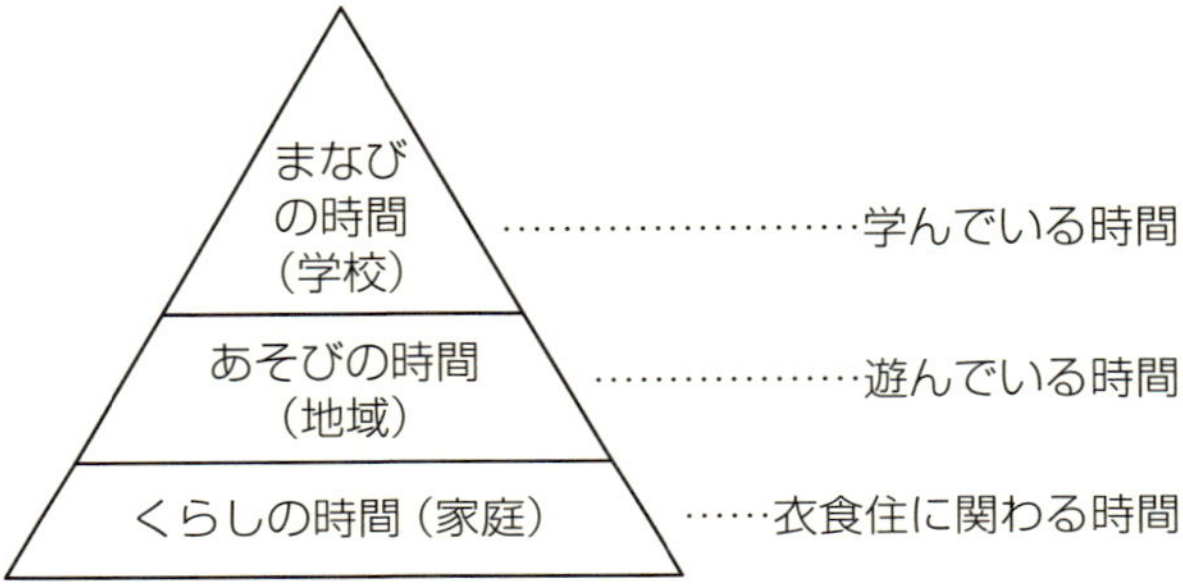

三つのきまりは、その環境作りのために考え出したものです。逆の言い方をすれば、健やかに育ちにくい環境を排除するために、三つのきまりがあるのです。

私は、子どもたちが過ごす日常生活の時間を三つに分類して考えています。それは「くらしの時間」「あそびの時間」「まなびの時間」です。図のように三層構造になります。

「くらしの時間」は、日常のくらしの衣食住に関わるすべての時間です。「衣」は洗濯やアイロンがけ、衣服を買い求めることや日常の着替え、季節の衣替え、クリーニングなどです。洗濯だけでも、洗濯する、干す、取り込む、たたむ、たんすにしまうなどの仕事が毎日のようにあります。「食」は食材を買う、食事を作る、食べる、片付ける時間です。漬物をつけることや味噌を作ることも入ります。家庭菜園で野菜を栽培していれば、その時間も「くらしの時間」です。「住」はふとんを干す、風呂をわかす、掃除をする、庭木を剪定する、ゴミを出すことなどです。

この時間は、家庭で家族と過ごす時間が中心になります。ですから「くらしの時間」は「家族の時間」でもあります。子育ての本には、家庭は子どもの「心の居場所」「心の基地」とか、「人格形成の基礎作りの場」と表現されています。そのとおりに、三層構造の最下部・基礎の位置を占めています。生まれてきた子どもは、家庭で家族とともに「くらしの時間」から自分の人生をスタートします。一日のほとんどを「くらしの時間」で過ごす過程で、心身の基礎作りをするのです。

乳幼児期は、自分と自分の周辺におきているすべての情報（刺激）を得て、人間社会に適応するために必要な情報処理能力を形成しています。私は、このことをコンピュータにたとえて「六・七歳ごろまでに、ほぼハードができる」と表現しています。

直感的なたとえの表現を続けるとしたら、乳幼児期の記憶が乏しいのはハードそのものを作っている時期だからです。記憶を読み取り、学んだことを記憶し場に応じた判断をするハードを作っている時期には、記憶は残りにくいのです。「三つ子の魂百まで」という表現は、三歳までの教育のあり方が百歳までも影響するという意味です。このハードは一生使うものです。ハードがほぼできあがると、知識（フロッピィ・ディスク）や情緒（コンパクト・ディスク）といったソフトの情報を処理したり記憶したりし始めるのです。よいハードはよい「くらしの時間」によって作られます。人格形成が「知（知識）」「情（情操）」「意（意志）」の三要素でなされていくとしたら、「知」と「情」の基礎がこの時期に、家庭のなかで形成されるのです。

少し余談になりますが、ハードの処理能力は「知」「情」「意」の順に形成されるようです。「知」を急ぎすぎたり強調しすぎたりすると、「情」の処理能力が形成されにくくなります。また「意」は「知」と「情」の基盤が十分にできあがってから形成されるべきで、幼い子に判断させたり、決定権を与えたりすると、自己中心的な人間になりやすくなります。

ですから、子どもが豊かな人生を送れるようになることを願うのであれば、「くらしの時間」を質の高いものにすることが肝要で、その条件整備に、親たちはもっと細心の配慮をすべきだと思っています。「食」で言えば、食べ物、食べ方、食事作法、感謝の心などです。「くらしの時間」は家族の絆を深くし、「家族を家族たらしめる時間」です。

子どもどうし・地域で「あそびの時間」

「あそびの時間」とは、文字通り屋外や屋内で遊ぶ時間です。大人で言えば「あそびの時間」は「趣味の時間」「娯楽の時間」です。私が子どものころは、「よく遊び、よく学び」と言われてきました。それは「子どもには勉強だけでなく、遊ぶことも大切ですよ」というメッセージでした。たしかに遊ぶことは大切で、年齢の違う近所の子どもたちが群れになって、大人のいない空間でたっぷりと遊んで時間を過ごすことが、子どもの自然な成長につながっていたのです。自然のなかで運動量の多い、外遊びができればなおいいのです。

この時間は三層の中位に位置します。乳幼児期から少年期・思春期と成長していくと行動範囲が広がるので、地域で友だちと過ごす時間が中心になります。私は「あそびの時間」を「こどもの時間」と考えています。それは「こどもをこどもたらしめる時間」だからです。大人のいない「群れあそびの時間（ギャングエイジ）」こそが、大人へのステップアップのための大切な段階なのです。子どもだけの「あそびの時間」には、大人の目から見たら不平等で不条理な場面がたくさん生じています。子どもどうしのケンカには、それがとくに見られます。しかし、大人の価値観で解決してやらなくても、雲散霧消してしまうケースが多いのです。昔の大人たちは、このことを「子どものケンカに親が出る」と諺に残しました。大人には愚かしいケンカに見えても、子どもにとっては意味のあることだから、大人が介入しないようにと気配りをしていたわけです。

子どもたちのコミュニケーション能力のなさが、近年はよく言われていますが、私は、「こどもの時間」であるべき「あそびの時間」に、大人たちが入りすぎていることがひとつの原因だと思っています。地域のイベントや子ども会行事は、「こどもの時間」であるべき「あそびの時間」に大人が介入するため、指導・管理意識がはたらき「まなびの時間」に変化してしまうのです。なにかにつけ管理責任を問われる時代ですからしかたない一面がありますが、だからこそ「あそびの時間」は大切にしたいものです。

かつては地域民はみんな知り合いで、地域ぐるみで子どもたちの「あそびの時間」と「あそびの空間」を安全確保していたのです。地域の田畑、野山やお店、町工場などで働く大人たちが、無意識のうちにその役割をしていました。群れになって遊ぶ子どもたちのなかに近所の孫がいたことや、顔見知りの息子がいなかったことを知っていたのです。子どもにとっても、自分の遊びの空間にいる大人たちは知り合いですから、お互いが簡単な言葉も交わすのです。「おばあちゃんの足の具合はどんなだ?」「家に帰るときは、このなすびを持って帰れ」といった具合です。

「あそびの時間」は、「くらしの時間」で基礎作りをした「情」を発達させて、社会性を持たせる時間です。そして「あそびの時間」は「地域の時間」とも表現できるのです。

私は瀬戸内海に浮かぶ香川県の小豆島で教員生活をスタートしましたが、そこでは全く知らない人と道で出合っても「お早うございます」とか「今日は一日、暑かったですね」と挨拶を交わしていました。それがきっかけで知り合いになっていきました。

ところが、横断歩道の向こうから歩いてくる人が二、三人なら挨拶ができても、五〇人となると声をかける意欲がなくなります。今のように大きな都会ができると、近所の人となんとか知り合いになることはできても、子どもたちの生活空間に、全く知らない人たちが毎日、数え切れないほど行き来します。そのなかの多くの人が、二度と会うことがない人だとすると、知り合いになるとか、コミュニケーションをとることに価値を見出しにくいのです。都会は、知り合いになるとかコミュニケーションをとるとかいったことを拒否している空間でもあるのです。でも、せめて子どもたちの「あそびの時間」だけは、地域ぐるみで大人の価値観があまり介入しない空間を保障したいものです。

自分を磨く「まなびの時間」

「まなびの時間」は学校の授業やクラブ活動、学習塾、ピアノや水泳などのクラブスポーツやお稽古ごとの時間です。大人で言えば「まなびの時間」は「仕事の時間」になります。

私が子どものころ、「まなびの時間」のほとんどは学校だけでした。そろばん塾と習字塾には行きましたが、どちらも週に一回一時間程度だったと思います。

現代の子どもたちはとっても多忙です。そして教員も多忙になりました。

私が教員になった昭和四七年ころは、宿題ができていなかったり、テストの点が悪かったり、授業中に目標のところまでできていなかったりすると、教室に残して「できるまで帰さない」と言って「居残り勉強」をさせていました。数名の子どもを相手に教えている様子を見て、「一緒に勉強してもええん（いいですか）？」と言って、邪魔にならないように自分の机で、その日の自分の宿題をすませる子が必ずいました。そんな子の多くは、〝居残り組〟の友だちで、勉強がすめば一緒

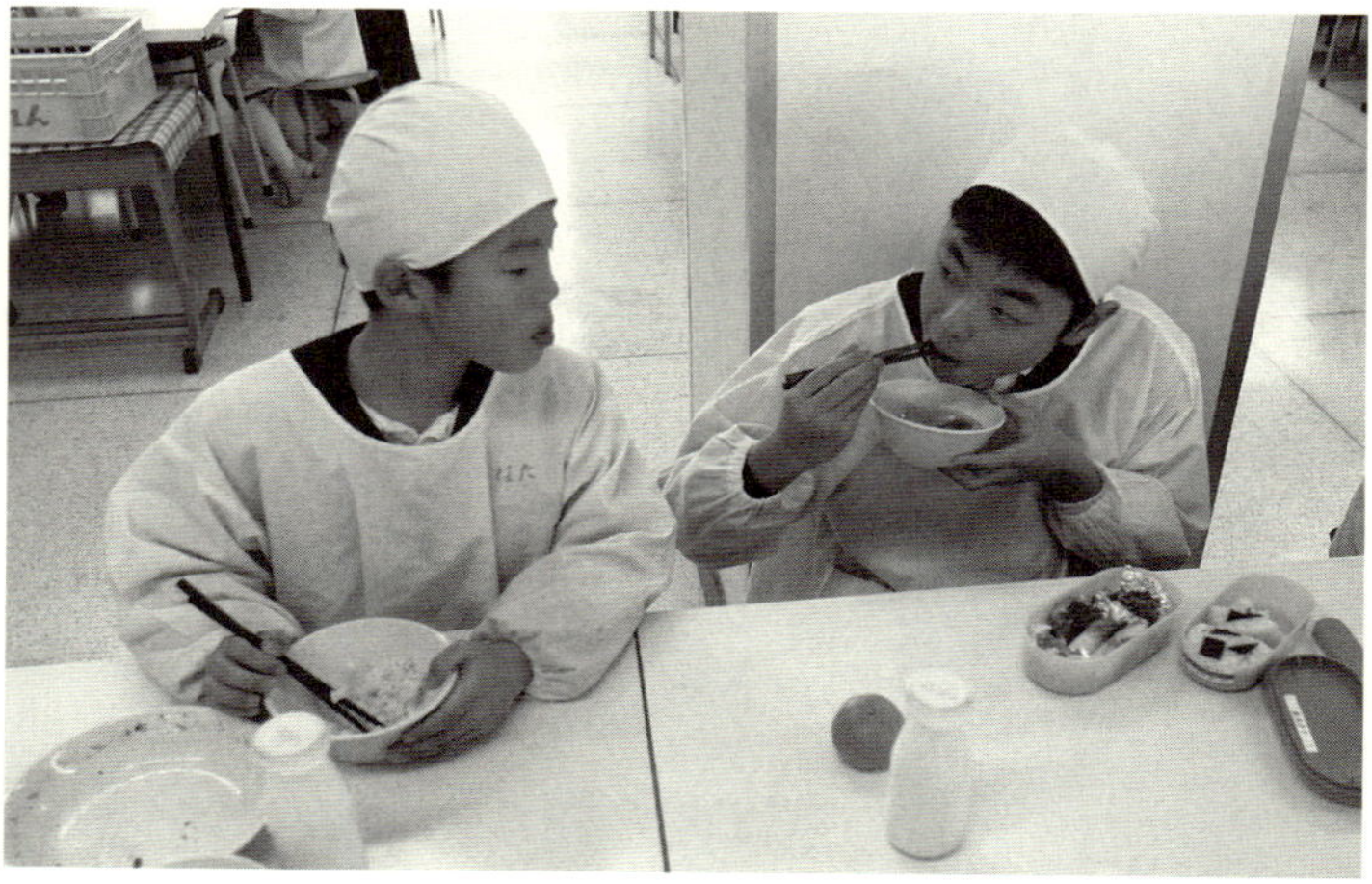

お弁当もおいしそう

に遊ぼうと思っているのです。ときどき、私の教え方が悪いと助手役もしてくれました。そのうちに、理解の遅い子に「今日の放課後、残っとれ（残りなさい）」と言うと、「やったー！」と言い出す子までいました。ときには外が暗くなるまで残すこともありましたが、「先生、どんどんやってください」と保護者も支援してくれました。

今は全く状況が変わりました。放課後に残そうとしても「塾がある」「ピアノの稽古に行く」と言って帰ろうとするし、親のほうもそれを望んでいます。教員のほうも、残そうと思っても教えてやれる日はずいぶん少なくなったのです。めったに居残り学習ができないとなると、親も塾に頼るようになります。

学習塾や家庭教師に教わっているのも「まなびの時間」です。でも子どもたちの生活を見ると、

「まなびの時間」は学校や放課後の勉強だけではないようです。野球や水泳で遊んでいるのなら「あそびの時間」ですが、少年野球チームに入部して野球をしたり、スイミングクラブで泳いだりするのは「まなびの時間」です。ピアノやバイオリン、ダンス、習字なども「まなびの時間」です。かつて「まなびの時間」はほぼ学校に限定されていましたが、今日では子どもの生活空間の各所に点在し、子どもは学びの場から学びの場へと、忙しく移動しているのです。

子どもたちにとって「まなびの時間」は、自分の長所を見つけ、磨き、人のために生きる道を切り開いていく「意（意志）」を鍛える時間です。子どもたちはこの「まなびの時間」を過ごすなかで自分の職業を決めていくことになります。

「三つの時間」の深刻な現実

日本の子どもたちの生活時間を見つめたとき、次の三つの深刻な課題が見えてきます。

①「くらしの時間」の縮小
②「あそびの時間」の縮小
③「まなびの時間」の増大

①は、物質的に豊かな社会の実現と「個」の偏重から生まれ、家庭の崩壊を招いています。戦後

の貧しい生活から抜け出そうとして必死になって働いたのは、実は「くらしの時間」を減らすためでもありました。その具現化に、ものすごい勢いで各種の家電製品が買いそろえられていきました。洗濯機や掃除機、炊飯器、乾燥機、電子レンジ……。そして、それぞれの機能も日進月歩で、機種が普及する前に、次の高性能機種が開発販売される状況です。

「衣」で見ると、技術の発達によって多品種少量生産が可能な生産ラインができました。多様なデザイン、多種の色彩・サイズの衣類が手ごろな値段で購入できるようになりました。ハサミやミシンを使って、自分の好きな生地から服を作るより、既製品で気に入ったものを探すほうが安くて楽なのです。子どもたちが学校に持ってくる道具入れの袋や座布団、雑巾などが親の手作りだったのは、ずいぶん昔のことになりました。さらに日用品でもキャラクター品、ブランド品といった、付加価値ばかりが高い商品を出回らせています。

「食」で見ると、工場のロボット化、冷凍技術・流通機構の進歩・発展から、国内各地だけでなく世界中のおいしい食べ物が、簡単に安く買えるようになりました。冷蔵庫や電子レンジは家族の個々の都合に合わせた食事を可能にしました。まな板や包丁がない家庭があるという話を聞きますが、わざわざ高いお金と時間をかけて料理を作らなくても、コンビニやスーパーで弁当を買い求めたほうが安くて楽なのです。食べかすをゴミとして出せば、調理器や食器を洗う手間もかかりません。たとえ食堂やファミリーレストランで夕食を食べても、そのことで縮小できた「くらしの時間」

を「仕事の時間」に回せば、採算面でもやっていけるのです。

「住」で見ると、電化と個室が「くらしの時間」を縮小させました。風呂焚きを人力でしていたころは、まさに家事労働だったのです。井戸からバケツで水を運び、五右衛門風呂を一杯にすれば水の大切さがわかります。薪拾いや薪割りをして、風呂焚きをすれば燃料の大切さがわかります。貧しかったころに家族が順番に、次々と風呂に入ったのは燃料を節約するためでした。今はボタンひとつで、いつでも適温にできます。

部屋数が少なければ、家族が食事をしても、テレビを見ても、寝ても顔を突き合わせます。私も一家四人で狭い団地に一〇年間住んでいたことがありますが、ひとつの部屋が食堂であり居間であり寝室でした。家族がお互い、その日の気分を知ることができるのです。それぞれが個室にこもって、部屋ごとのテレビやゲームやパソコン、コミックに興じていたのでは、同じ屋根の下にいて顔も合わさなくなります。テレビを見る時間は「くらしの時間」を削って確保したかった「あそびの時間」にあたるのですが、家族の絆が生まれない時間を家庭に持ち込むことにもなったのです。

②の「あそびの時間」の縮小は、三つの「間」がなくなったからだと言われています。「時間」「空間」「仲間」です。

「まなびの時間」が増大したので「あそびの時間」は減少しました。開発が進みすぎて、子どもたちだけで自由に遊べる道路や空き地、野山、川原などの空間がなくなりました。少子化のうえに、遊ぶ時間をとれないほど忙しくなったので、たくさんの仲間が集まって遊ぶことがむずかしくなりました。

それに最近は、不審者によるいたずらや誘拐や傷害・殺人事件がよく報道されるので、子どもたちだけで自由に遊ばせることを大人がしなくなりました。親にとっては子どもが家のなかでテレビゲームに興じていたり、コミックを読んでいてくれたりすれば安全面では安心なのです。暴力的で、破壊的で、低俗な映像やコミックの世界に長時間浸っている子もめずらしくありません。でも、この悪影響は、医学的に証明されなくても、経験的にわかります。

③は、受験地獄・受験戦争と呼ばれた、団塊の世代の高校・大学入試のころから急速に進みました。私は昭和二四年生まれで、大学受験のころは「四当五落」と言われていました。「一日の睡眠時間を四時間にまで削って受験勉強をすれば合格をするが、五時間も寝ていたのでは合格はできない」という意味でした。それが有名私立大学を目ざして附属高校・附属中学校・附属小学校へと受験戦争が低年齢化して、ついには附属幼稚園でも激しい競争が起きているのです。それは子どもの戦いというより親の戦いです。

また最近は、「早期教育」がこれまでとは違った広がりを見せています。受験対策の低年齢化は「知育」(記憶力が中心)の話でしたが、「体育」の早期教育が、世界に通用する一流選手や演奏家を育て注目を浴びるようになってきたからです。スポーツや音楽の分野で天才とよばれる少年・少女が現れ、テレビ報道されていることが拍車をかけています。

「まなびの時間」は三層構造の最上位にあります。「くらしの時間」と「あそびの時間」の基盤の上に乗るべき時間なのに、二層の時間を削りすぎたり、粗末に扱ったりしたままで「まなびの時間」をたくさん作っては、子どもの成長によくないのです。とくに「知育」の早期教育は学ぶ対象が知識という抽象だけに心配です。「体育」のほうは練習の過程で人間を相手にすることが多いのでコミュニケーション能力もついていきます。つまり「情育」にもなるからです。

「まなびの時間」の充実のために

「まなびの時間」の中心である学校に勤務する私にとって、親たちにぜひ知ってもらいたいことは、「くらしの時間」「あそびの時間」とちがって「評価・評定・比較・競争・勝敗」がある時間だということです。「到達すべき目標」が課せられることもめずらしくありません。したがって、ときには子どもの心を押しつぶしてしまうほどのストレスを与えます。

友だちとの成績の比較、レギュラー争い、受験……。これらのストレスを皆無にすることはできません。ストレスと向き合い、ストレスに負けない強さを育ててやらなくてはいけません。ストレスとうまく付き合う術も身につけさせてやらなくてはいけないのです。

「まなびの時間」の中心である学校には、ふたつの大きな役割があります。

ひとつ目は「国民の資質の基礎作り」です。学校は、高い学歴を持たせるために知識を教えているのではありません。子どもの個性・適性を認めつつも、すべての国民に、義務教育として全教科（国・社・数・理・英・音・美・技・家・体・道徳・総合）を、中学校卒業まで学ぶ機会を設けているのです。これは人格形成期にあたるこの期間にこそ、知・情・意が調和した全人教育をするべきだと考えているからです。社会人として身につけておくべき、多方面の最低限の教養や感性、倫理観、勤労意識、責任感、自立心などをその内容としています。そして、その学びの過程で、文化の伝承や創造がなされていくのです。

学校の目的のふたつ目は、「人のために生きる道を探す」ことにあります。文学、歴史、物理、英会話……と、好きになった学問を追究していく生徒。フルートやデザイン、木工、料理、サッカー、奉仕の世界に魅せられていく生徒。自分をまわりの人と比較させ、自分の能力と適性の特長に気づかせ、それを磨くことの支援が学校の役割です。その気づきの方法としてテストや部活動があるのです。高度の記憶力がなければ弁護士や医者にはなれないし、並外れた運動能力がなければプロのスポーツ選手になれません。点数や勝敗で見える能力だけでなく、協調性や忍耐力、体力、興味、関心、趣味、優しさ、繊細さ、明朗さといった適性からも、自分にできる「人のために生きる道」の輪郭が少しずつ明確になっていきます。どんな職業に就くにしても、資格試験や採用試験、能力と適性で周囲の人たちとの比較があります。「くらしの時間」や「あそびの時間」になかった評定・評価・競争が、「まなびの時間」の中心である学校でスタートするのです。小学校から中学、高校、大学と続く「まなびの時間」は、勝敗を決めて敗者を排斥するのが目的ではなく、能力と適性を見きわめて多様な職業にふり分けていくことです。そうしてたどり着いた職業（人のために生きる道）には、収入の差はあっても職種の価値を問う「貴賎」はありません。どの職業も社会に意味のある、なくてはならない職業なのです。

評価や競争は大きなストレスを生み出します。このストレスに耐える力の基礎は家族との「くらしの時間」と、友だちとの「あそびの時間」に培われるものなのです。

乳児期には「くらしの時間」が、幼児・少年期には「あそびの時間」が、思春期・青年期には「まなびの時間」が一日の時間の中心をなすのが好ましいと、私は考えています。近年の小中学生の生活ぶりと見ていると、「まなびの時間」が肥大しすぎている印象が強く、「あそびの時間」の質的低下（ゲームやテレビ、コミックなどの一人遊び）も気になります。「くらしの時間」も、家庭にいても個室にいたり、食事の時間がすれ違ったりしているケースが増えてきています。これではストレスがたまる機会は増え、ストレスに耐える力をつける場面が少なくなります。

心と体が社会や家族から孤立していくと、自暴自棄になり、空虚な思いが心に広がります。こんなとき、「悪の世界」からの誘惑に弱くなるばかりか、自分の存在感や生きている実感を求めて「悪の世界」に歩んでいくことになります。日本の子どもたちがどんな「くらしの時間」、「あそびの時間」、「まなびの時間」を過ごしているか、大人たちはもっと真剣に見つめたいものです。

「あそびの時間」に子どもたちだけで野球をしたとします。二つのチームに分かれてゲームをすれば勝敗はつきますが、勝敗をつけるために遊んでいるのではありません。ゲームをすることそのものが目的なのです。遊ぶことが目標なのです。少しはストレスもあるかもしれませんが、それも発散しながら遊んでいます。その後で子どもたちは「今日の〝あそびの時間〟何点か」と評価をするでしょうか。

家族が作った夕食は子どもたちに点をつけてもらっていますか。それと隣の夕食を比較していますか。「くらしの時間」も「評価・評定・比較・競争・勝敗」はないのです。「まなびの時間」に生じたストレスを解消したり、ストレスで疲労した心身を癒したり、ストレスに打ち勝つパワーを培うのが「くらしの時間」と「あそびの時間」なのです。このふたつの時間を充実したものにすることが、よい「まなびの時間」を過ごす条件になるのです。

中学校にやってきた「弁当の日」

「弁当の日」を滝宮小学校で実践しはじめて３年目に、私は隣町の国分寺中学校に異動することになりました。中学校ではむずかしいだろうとはじめは控えていた「弁当の日」の実践を、やはりやってみようと思ったのは、ある中学校での講演のあとに届いた、中学生からの感想がきっかけでした。「ヒトは食によりて人となる」と題した講演に、多くの中学生が反応してくれたことにはげまされ、平成16年の中途から、ともかくやってみることにしました。

中学校で「弁当の日」がむずかしい理由

中学校に異動後一年以上も「弁当の日」に取り組まなかったのは、四つのわけがありました。まず発達段階のことです。小学校と中学校でほぼ一〇年ずつの教員経験があった私には、「弁当の日」に対して児童や生徒がどのような反応を示すかの大体の予想がつきました。なにもかも自分で作るという条件に、小学生なら「乗ってくる」だろう。でも中学生になると「面倒や！」のひと声で片付けてしまう生徒が主流を占める可能性があるということです。小学生は、（早く一人前になりたい）という思いが強いのですが、中学生になると（俺はもう一人前だ。弁当を作らせるなんて子どものような扱いをするなよ）という気持ちなのです。つまり、中学生は滝宮小学校の三つのきまりそのままの「弁当の日」を実施するには、適齢期を過ぎているのです。

ふたつ目のわけは、家族の反応が異なるということです。小学生であれば、子どもが幼いので親は支援的であろうとしますが、中学生になると大きくなっているので（できて当たり前）という気持ちが先に出てきます。そうすると、努力して作った力作でも、小学生のときほどは親が感動しなくなります。手際が悪いと（中学生になってもこんなこともできないのか）と言いたくなります。中学生なら、（早朝の弁当作りをするくらいなら、睡眠時間を確保するか高校受験勉強に励んでほ

部活は全員参加が原則

しい）という親の本音が聞こえてきそうなのです。

三つ目のわけは、中学生はとにかく多忙だということです。毎日、暗くなるまで部活動をして帰りに塾で勉強し、帰宅後に夕食を食べて学校の宿題や復習・予習の勉強にかかります。夜遅くまで勉強をすると、睡眠時間はけずられていきます。朝はぎりぎりのところまで寝ていたいのです。部活動が土曜日も日曜日もあるとなると、本当に弁当を作る時間なんてなくなります。「弁当の日」が、疲労だけが印象に残る実践になったのでは困るのです。

最後のわけは、学校側が指導体制を整えられないということです。滝宮小学校の場合は、弁当作りをする五・六年生の計四組（約一二〇人）の家庭科の授業を三人（教頭・家庭科主任・担任）がしていました。家庭科の授業をしない学級担任にも、支援はお願いできます。小学校は学級担任制なので、教員はすべての教科の単位を取得していますし、授業時間の融通がきくからです。それに、栄養士・養護教諭・給食主任を数えていくと、「弁当の日」の指導的教員が一〇人近くになります。一〇人で五・六年の四組の子どもを教えるのなら、それほど大きな負担ではありません。

ところが国分寺中学校は、全校で二〇組、生徒数は約七五〇人です。そして家庭科教員はたったの一人です。学級担任も弁当作りはしますが、教科担任制なので小学校の場合ほど、自分の学級に関われる授業が多くありません。しかも、中学校教員が持っている教員免許は国語、数学、英語と教科が決まっていて、ほかの教科は教えられません。栄養士・養護教諭が応援をしても計三人です。どんな献立をたてたのか、その生徒にできる内容か、家庭の状況は……。学校が取り組む以上、指導責任があります。ですから国分寺中学校の場合は、滝宮小学校のときのように「学校が責任を持って、基礎・基本を教えます」と簡単には言えないのです。

実践開始のために工夫したこと

ひとつ目の発達段階の問題への対策は、いい知恵が浮かびませんでした。

ふたつ目の家族の支援態勢作りは、学校からの情報発信で行ないました。家庭に対して学校から取り組みの意義や方法などを知らせると同時に、マスメディアに積極的に発信していくことで、家庭に対してもアピールできると考えたのです。国分寺中学校での初めての実践の折には、生徒と家族の協力で三か月にわたる取材の末、NHK高松局の「四国羅針盤」という番組で二五分間の番組が制作され放映されました。「弁当の日」の準備や当日の様子だけでなく、ふだんの授業風景や家庭での食事の場面、インタビューなどもおりこまれたものでした。

「弁当の日」がテレビ報道されるのは大きな宣伝効果になります。食育コンクールで農林水産大臣賞を受け、全国放送や特集番組に国分寺中学校が取り上げられるというのは、単なる事実報道ニュースとは違う大きい反響がありました。全国雑誌も同じです。こんなかたちで報道が続くと（国分寺中学校は全国に注目されるいい実践をしている）と受け止めてくださって、その後の保護者・地域の支援態勢が整っていきます。

三つ目の、中学生の多忙さへの対策は、「弁当の日」の実施をすべて月曜日にしたことです。日曜日の夕方は、一週間のなかで比較的に時間を取りやすい時間です。親子でスーパーに買い物に出かけることもしやすいでしょう。小学生以上に、前日に弁当を完成させる割合が高いと予想しました。とすると、「弁当の日」の前夜、つまり日曜日の夕食に、生徒が作った弁当のおかずを家族が食べる可能性が高くなります。それは私が最も大きなねらいとしている「一家団欒の食事」に近づくということです。保護者の仕事のことを考えても、「くらしの時間」を生み出すには月曜日の実施が一番いいと考えました。

最後の指導体制の整備ですが、年度途中では手の打ちようがありません。指導する教員が少ないから、平成一六年度は希望するクラスのみで、試験的に三回だけで実施することにしました。

こうして一六年一〇月四日、月曜日の朝の全校集会で、体育館に集まった全校生徒に国分寺中学校の「弁当の日」を提案しました。原則は次の三つでした。
（1）生徒だけで作る……献立、買出し、調理、弁当箱詰め、片付けを生徒だけでする。親は手伝わないこと。教えてもらうのはいいが、作ってもらうのはダメ。
（2）年三回……一二月一三日、一月一七日、二月一四日の月曜日
（3）挑戦するクラスのみ……全員一致のクラスのみ実施。実施クラスは給食費を払い戻す。
「全校生徒に提案して、全員の意見の一致をみたクラスだけが実施」ということは、そのクラスのみの宿題ということになります。これは年度初めに保護者に提示しておくべき学校行事ではなくなります。苦しまぎれの言い訳です。でも正直言って（挑戦するクラスが全くないかもしれない）という不安が一週間近くありました。しかし幸いなことに、一年生から三年生まで計一一クラスが挑戦してくれました。

クラス単位にしたのは集金事務の必要からですが、別に大きなプラス面がありました。それは、時間や興味・関心、その他さまざまな事情から「弁当は作りたくない」という生徒が、一クラスに

必ず数名はいるだろうけれど、クラスメイトに押し切られて渋々、弁当を作らざるを得なくなるケースが生じることです。

さまざまなことが原因と考えていますが、最近の若者は「したくないことはしない」傾向を強めています。これでは、したいことが見つかるまでは成長できず、停滞してしまいます。私はこの時期の子どもは、「無理やりやらされたけど、やってみたらよかった」という経験を積むこともとても大切だと思っています。

あきれるほど単純なくり返しの基礎練習は、勉強にもスポーツにもあります。草抜き、床ふき、便所掃除も同じです。進学したり、就職したりしても「したくないことを、やらざるを得ない」という機会は、生徒たちのこれからの人生に何度もやってきます。そのときに「したくないけど、やってみれば、後でよかったと思うときが来るかもしれない」と考えられる基礎を築いておきたいからです。この基礎があれば、その人生の可能性はいつも開いています。だって、したくないものばかりに取り囲まれても、いつも自分の力で活路を見出せるのですから。

「弁当の日」に挑戦した中学生たち

全校生に「弁当の日」への挑戦を提案したときに、「なぜ校長先生が〝弁当の日〟を呼びかけているのか、三回の弁当作りで答えを見つけた人は作文を書いて私のところへ持ってきなさい」といいました。年度末までに四七人の生徒が作文を書いてきてくれました。そのなかのいくつかを紹介します（学年はすべて一六年度当時）。

「おいしい」と言ってくれたので「やったー」

僕は食べることが好きで、自分でいろいろ作っています。でも失敗ばかりで、弟に「まずい」と言われていたけれども、三回目の「弁当の日」に作った弁当を少し弟に食べさせると「おいしい」と言ってくれたので、（やったー）と心のなかで思いました。それは「骨折した弟に食べてもらいたいカルシューム弁当」でした。学校で食べたとき、自分にもうれしい味でした。来年も「弁当の日」に賛成の票を入れようと思います。

（一年　三好浩貴）

弁当作りは大変だなぁ

僕は弁当を作ったことはありませんでした。いつも母さんが作ってくれていて、作った人の気持ちを考えたこともありませんでした。初めて作ってみて（大変だなあ）と思いました。起きるのは大変だし、前日の用意も大変でした。三回を終えて、よくがんばったな、と思います。おいしくはできたけど、見た目があまりおいしそうじゃなかったと思います。来年はしたくないです。

（一年　堀川泰弘）

栄養バランスのいい食事を作れるように

一回目は、計画はたてたけど早起きができず、ほとんど親に手伝ってもらいました。二回目もほとんど親に手伝ってもらいました。三回目のとき、親に「明日は自分で作りなよ」と言われました。だから自分で作ることにしました。計画と違ったけど、ちゃんと作れたのでよかったかな、と思いました。栄養のバランスのとれた食事を自分で作ることができるようにするために「弁当の日」を始めたのだなと考えました。（一年　峯　澄香）

お兄ちゃんと一緒に作った

私はお兄ちゃん（中三）と弁当作りをしました。と言っても、ほとんど、おかずはお兄ちゃんが作

図形ならまかせてよ

りました。栄養や彩りを考える大変さはあったけど、作る大変さはわかりませんでした。お兄ちゃんは効率よくおかずを作るために、ガスレンジの使い方を考えたり、きれいに作るためにしんちょうにしたりして、すごく大変そうでした。これまでお母さんは、一人で献立も彩りも量も考えてくれていたのはすごいと思いました。だから、お母さんの作ってくれたお弁当は感謝の気持ちで食べたいと思います。

（二年　村田理恵）

いつもと同じに作っても

校長先生から「弁当の日」の提案があったときからドキドキしていました。クラス全員の意見がまとまったら、「自分で作る〝弁当の日〟」に挑戦しなさいという話でしたが、私はもうワクワクしていたのです。私の組では多数決で決めることになりました。結果は「反対」でした。理由は「部活動の早朝練習があるので、弁当を作る時間がない」「作ったことがないから作れない」というものでした。でも、担任の先生の後押しで挑戦することになりました。

私ははりきってメニューを考えはじめました。一回目は「さつまいもご飯、卵焼き、粉ふきいも、ブロッコリーサラダ、豚肉炒め」でした。家で何度も作ったことがあるものを、いつもと同じように作ったのですが、味は全然違いました。かくし味を入れたわけでもないのに、とてもおいしかったのです。二回目も三回目も同じことを感じました。

三回目はバレンタインデーだったので、「お世話になった先生に食べてもらう、愛のこもった弁当」というテーマで作りました。もちろん、デザートにはクッキーでチョコをはさんだチョコラングドウシャを作りました。翌々日がテストだったので自主勉強、宿題、弁当が重なり、寝たのは四時近くでした。何人かの友だちにデザートをあげたら「おいしい」と食べてくれたので、とてもうれしかったです。「弁当の日」に挑戦してよかった。達成感を感じました。二年生になってもしたい。

（一年　河井美樹）

弁当作りで気がついたこと

一回目に弁当を作って、「もう、嫌やあ」って思いました。それで、気がつきました。お母さんの代わりになって毎日ご飯を作ってくれるおばあちゃん。ご飯を食べているとき、いつも、いっつも、文句ばっかり言ってる私……。こんなに、ご飯を作るのは大変なのに、なんか、文句言ってきて悪かったなって、すっごく思いました！！！　とても、弁当作るのは大変だったけど、それ以上に、おばあちゃんは大変なんだなーって、あらためて思った。本当に、おばあちゃん、ありがとう。

（二年　森　知奈美）

友だちの意外な一面が

僕にとって「弁当」は美術などの作品と同じ感覚です。自分で材料を買ってきて、工夫して、おいしそうな弁当を作ることは、どこかおもしろいところがあります。友だちと見せ合うのも楽しみのひとつでした。「これ、おいしそう。ちょっとちょうだい」「いいよ、かわりに、それ食べてい い?」そんな感じで友だちの弁当を見たり、食べさせてもらったりすると、友だちの意外な一面がわかります。校長先生の「弁当の日」の目的とは少し違うかも知れないけど、これが僕の「弁当の日」です。

（二年　森　真太郎）

三回の試行でわかったこと

「弁当の日」によってなにが変わるのかを教師の立場から分析するために、生徒たちに七二～七三ページのようなアンケート調査をしています。

1～10問は技術、11～20問は知識・理解、21～30問は関心・意欲・態度に関する問いです。「弁当の日」実施前後に、滝宮小学校でも国分寺中学校でも実施してきました。

まず、技術面・知識面・態度面の向上が小学校では顕著に見られました。もっとも大きく成長したのは態度面でした。「弁当の日」の効果でしょう。

中学校では、全体的に大きくは向上していません。知識面・態度面はほとんど向上が見られないばかりか、マイナスポイントの項目もありました。「弁当の日」は小学校用の実践方法と考えてきたことが数値で証明されてしまいました。

これは生徒自身が、食に関する知識と態度がよくないことに気づいたが、これから態度面を改めようという意欲もあまりないということでしょう。中学校では技術面の上達は速いが、心情面の揺さぶりはかけにくいという発達段階の課題に思えます。（こんな面倒なことしなくても、お金を払えば楽に弁当は準備できる）（弁当を作るのは親の仕事であって、私は勉強やクラブ活動に打ち込めばいい）こんな意味の言葉を言っている中学生もいました。こう考える生徒が悪いのではありません。こう考えるように育ってきているということです。

アンケートで「弁当の日」実施前の中学生の実態を見ても、すべての問いで一年生から三年生までの学年による差は皆無と言えるほどです。それは生徒たちが、いかに台所仕事から遠いところで生活しているかの証明です。さらに「弁当の日」実施前の滝宮小学校の小学校五年生との差もあまりありません。もしかすると、高校生・大学生でも同じ傾向を示すかもしれません。つまり現代の日本の子どもたちは、台所仕事に関しては成長が止まった状態にあるらしいのです。子どもが、（早く一人前になりたい）と願って親の仕事を手伝い、親の技をまね、少しずつ親の体力に近づいていく自分を誇らしく思いつつ成長していった、数十年前の時代ではなくなっているようなのです。

1　おにぎりをにぎれます
2　生卵をじょうずに割ることができます。
3　りんごの皮を一本につながったままでむけます。
4　ごはんをたくことができます。
5　簡単なサラダが作れます。
6　簡単な野菜炒めが作れます。
7　味噌汁を作ることができます。
8　肉じゃがのような煮物ができます。
9　野菜のてんぷら、鶏のからあげ、コロッケがあげられます。
10　得意な料理を三つ答えなさい。なければ記入しなくていいです。
11　食材を見れば大体、体の組織をつくるもの（たんぱく質・無機質）、体の調子を整えるもの（ビタミンC・カロチン）、おもにエネルギーになるもの（炭水化物・脂質）の区別がつく。
12　見れば、白菜、キャベツ、レタス、ほうれん草、ブロッコリーの区別がつく。
13　見れば、さつまいも、じゃがいも、にんじん、ごぼう、れんこんの区別がつく。
14　見れば、たい、はまち、さんま、いわし、あゆの区別がつく。
15　見れば、牛肉、豚肉、鶏肉の区別がつく。
16　目をつぶって食べても、りんご、イチゴ、もも、キウイ、すいかの区別がつく。

17 目をつぶって飲んでも、こんぶだし、いりこだし、かつおぶしだしの区別がつく。
18 目をつぶってなめても、うめ、レモン、オレンジ、酢の区別がつく。
19 調味料を入れる順番を示した、調味料の「さしすせそ」がわかる。
20 大豆が原料の加工食品を三つあげなさい。
21 いつも食事の準備をしてくれている家の人は大変だな、と思っていますか。
22 家族の食事や片づけを、よく手伝っていますか。
23 家の人が作ってくれた食事を、残さないように心がけていますか。
24 自分が作った料理を、家族が喜んで食べてくれたことがありますか。
25 家族や友だちと、弁当や季節の食べ物のことを話題にしますか。
26 自分の健康のために、栄養のバランスのとれた食事をするように心がけていますか。
27 スーパーへ行くと、肉・魚・野菜や果物の値段を見たり、産地を見たりしていますか。
28 田んぼの稲（米）や畑の野菜に関心がありますか。
29 食べるとき、食べ物を作った人、運んだ人、調理した人のことを考えていますか。
30 給食のよさと思っているのは次のどれですか。○で囲みなさい。
安い、あったかい、汁物がある、栄養のバランス、季節感、手間
または、そんなことはとくに考えたことはなかった。

中学校版「三つのきまり」

中学校現場では家庭科の授業が軽視される実態にあります。家庭科が高校入試科目にないこと、授業時数が減ったこと、男女共通履修になって「男子は技術科、女子は家庭科」の時代より薄められたこと、コンピュータに関する授業が増えたことなどがあげられます。まさに、家庭科の衰退が家庭の崩壊を招いているのかもしれません。

中学校では「総合的な学習の時間」や「選択」の授業の組み方で教科の教員数が変わってきます。平成一七年度、国分寺中学校は家庭科教員を一人増やして二人にし、二人とも学級担任になってもらいました。選択家庭科の授業も開設し、「総合」の時間に食育の授業を編成でき、指導体制を整えることができました。家庭科の先生が学級担任として「弁当の日」の指導に当たれることは、大きな基盤をもてるということです。

そして、いよいよ具体的に中学校版の「弁当の日」の計画に入りました。

技術・家庭科、総合的な学習の時間、選択授業をうまく調整して、一年間で実質何時間使えるのか。調理室は利用できるか（家庭科の先生が二人になっても調理室は一つ。同じ時間帯に二組は使えない）。二時間続きの授業はどれくらい取れるか（一時間の授業と二時間の授業では指導できる

大なわとび、それっ

内容の幅が全く異なる。一回五〇分の授業で事前指導・調理・食事・片付けまでするとなると献立も制限される)。全学年、全組に実施する「弁当の日」の事前指導を年間計画のなかにうまく位置づけできるか。

中学校での「弁当の日」実施のむずかしさは、生徒指導のむずかしさと相関関係にあると思っています。前年度の三回の「弁当の日」実施から見えてきた課題対策方法は、皮肉にも「技術面の向上」でした。

国分寺中学校で「弁当の日」を始めたときも、「私は生徒たちの〝弁当作り〟で、技術の向上を図ったのではなく、もっとよい家族にしませんかという訴えなのです」と言ってきていたのに、いざ本格的にスタートするときには「技術面」と言い出したのです。でも、私の頭のなかでは矛盾していません。生徒に弁当を作る技術を要求し、課題に応えようと取り組むうちに知識が増え、家族を大切にする生徒が育ち、「態度面」が向上すると考えたのです。

そして、これまでの実施とアンケートの集計・分析から、次のような中学校版「弁当の日」の三つのきまりを作りました。

①自分で作る……これは滝宮小学校と全く同じ。小学校のときより年齢が上なので安心感がある。

②三年間で七回……小学校の家庭科で基礎は学習しているので全学年が対象。中学生は小学生以上に時間の融通が利かないので日数が少ない。一年生の前半は指導期間のため、三年生の後半は高校入試のため実施しないので七回になる。

③毎回課題設定……小学校よりハイレベルな弁当作りに取り組ませるため。

中学生のための七つの課題

小学校で実施した「弁当の日」は、特別の課題を与えずに好きに弁当を作らせていました。国分寺中学校で、毎回課題を設定しようと思ったのは、そのほうが中学生には意欲づけをしやすいし、技術の向上から「弁当の日」を成功させようと考えたからです。小学校の「弁当の日」とは違う！レベルが高い！　といった印象も生徒に持たせたかったのです。また、「弁当の日」を実施する意図も、はっきり感じさせたいと思いました。三年間で七回なので私が課題案を作成し、準備会を開きました。採用した七つの課題は次のとおりです。

①「今が旬弁当」

「旬とはなにか」「今の旬の食材はなにか」を考える力は、料理を作るうえで最も基本になる知識です。私は生徒たちに「はじめに献立ありき」ではなく、「はじめに食材ありき」で料理を作れるようになってほしいと思っています。食材あっての料理だからです。まず食材をしっかり見る力がつけば調理のスタートラインに立ったことになります。

旬とは、「命のあるうち」「命が見えやすいうち」「命が消えてしまわないうち」という意味ではないでしょうか。四季の変化が美しい日本では、旬の食材の変化も美しいのです。美しさを愛でることは命を愛でること、食材の命に感謝することにつながります。「唐揚げ」「ハンバーグ」のような季節感のない料理しか思い浮かばない生徒が、スーパーの生鮮食料品売り場を、新鮮な色彩や美しい形を愛でながら、「この食材（命）をいかにいただくか」と考えながら歩くようになってくれたらと思っています。

地元の旬の食材を学習するには、香川県・かがわ農産物流通消費推進協議会発行の『香川の旬果旬菜』を活用しました。

②「こだわり弁当」

幼くして「家庭の味」を「刷り込まれた」子どもは、成長してもその味を好み、都会に出てもその味覚の記憶が郷愁を誘います。日常の味噌汁や漬物、年中行事に関わる郷土料理が懐かしくなって郷里に足を運ぶのは、「家庭の味」によって「餌付け」されているようなものです。これは家族の絆であり、親から子どもへの愛情の伝承なのです。

外食産業の発展は家庭の食事の減少を物語っています。調理ずみの冷凍食品の多様化、冷蔵庫・電子レンジの普及が、家族バラバラでも温かい食事をすることを容易にしました。コンビニ弁当やおにぎり、おでん、惣菜がますます充実していますから、コンビニの味が「家庭の味」になってしまう勢いです。これでは家族の絆が希薄になって当たり前です。

「わが家の自慢」といえるおかずがある生徒は「家庭の味」を引き継いで自分の子どもに伝えてほしいと思っています。ない生徒には「あなたが〝わが家の自慢のおかず〟を開発してごらん」と励ましているのです。卵焼きでいい。野菜炒めでいい。思いっきり心を込めて作ってこさせればいいのです。豪華さや目新しさを競って自慢する「弁当の日」では決してありません。〝家族の絆を確認できる一品に〟という想いをもって、生徒が自分で作ってくれればいいのです。

③「安全・安心弁当」

「安全だ」と言われても「安心」できない食品があります。安全でなければ安心できないし、おいしく楽しく食べられません。安全な食材を選び弁当を作るためには、栄養や食中毒、残留農薬、食品添加物などについての知識も必要になります。弁当は早朝に作って昼に食べるから、季節によってそれなりの工夫も必要です。生ものを避ける、火をよく通す、酢や塩を使う、涼しいところに置くなどの知恵はぜひ身につけてほしいものです。贅沢を言えば、表示に頼りきらないで五感を大切にしてほしいものです。表示された賞味期限の数字以上に、色合いや味、臭いで判断できることも必要だと思っています。

④「地産地消弁当」

保存と輸送の手段を発達させた人間は、世界中の食材を自宅の食卓で食べることができるようになりました。自然界の動物は行動範囲内が食卓であり、自分が行くことができない場所のものを食べることはできません。ですからその空間（環境）のなかで命を育んでいるのです。命そのものが環境の一部だとも言えます。食材の輸送が多くなると、生活空間の一部として自分が生きていることを実感しにくくなっています。「豆腐や野菜に旅をさせるな」という知恵は鮮度だけの問題でなく、環境の一部として進化してきた人類の歴史からのメッセージのように思います。

「地元」を香川県と決めて弁当作りをさせました。これも香川県農政水産部水産課発行の『香川の魚』が調理法まで説明してあり、とてもよい教材になりました。「弁当の日」には祖父母が栽培した米や野菜を使用した生徒がいました。多くの生徒はスーパーの生鮮売り場で産地の確認をしながら食材を求めました。そして香川県産の少なさ、県外・国外の食品の多さに驚いたようです。

二年担任の丸山泰弘先生は日曜日に海に出かけ、チヌやハゼ、うなぎなどを釣って帰りてんぷらにして弁当のおかずにしました。この行動力に生徒が感動し、私は感謝の気持ちでいっぱいになりました。こんなに真摯に取り組む先生がいることで「弁当の日」は成り立っているのです。

⑤「和食弁当」

「物質的には栄養素の合理的に完備した実質的食物を、正しく摂る国民は粘り強く底力が充満し、永遠文化を創造する存在となるが、不正な食べ方をする人の心身は完全に育たず、間に合わせ主義でその場を糊塗し、その日暮らしの気風を作り、自滅の道を辿る」（東佐與子『世界人は如何に食べつつあるか』東京創元社）

私は、この文を読みかえすたびに、戦後日本の食文化の崩壊と日本国民の近年の退廃ぶりを連想します。

生徒たちの多くが、和食・洋食・中華の区別がつきません。戦後しばらくは和食ばかりで、少しずつ洋食・中華が家庭の食卓に入ってきました。「年をとると和食がほしくなる」という言葉をよく聞きます。けれども、それは幼いころに和食を食べて育ってきた世代に言えることなのです。和・洋・中が渾然とした食生活で育った生徒には、「和食に帰る」という感覚はありません。「日本人として、和食を基礎とする」ことを意識させる必要があるのです。「和食とはなにか」をしっかり考えて「和食弁当」を作ることを通して、「粘り強く底力が充満し、永遠文化を創造する」国民を育てることができればと思っています。

⑥「郷土料理弁当」

滝宮小学校の子どもが「弁当の日」に豆を使ったおかずを作ろうとして、香川県の郷土料理である「醤油豆」を思いつきました。これは炒ったソラ豆を熱いうちに醤油と砂糖、みりん、唐辛子の調味液につけて蒸らしたものです。ところが親世代が「醤油豆」を作ったことがないのです。困って県教育委員会の保健体育課に問い合わせました。そこから滝宮小学校の愛染麻美栄養士に連絡が入り、保護者にレシピを教えることになりました。

「弁当の日」がきっかけで郷土料理の作り方が親と子の世代に広まったのです。このような継承が「手打ちうどん」「まんばのけんちゃん」「鮒のてっぱい」「いいだこのてんぷら」「わけぎ和え」「鰆の押し寿司」「あん餅雑煮」といった郷土料理に広がっていく機会になることを期

理科実験は料理にも通じる？

待しています。

⑦「○○に食べてもらいたい弁当」

七回の弁当作りの総決算としてこのテーマを設定しています。「国のために死ね」と教えた戦前の教育の反動で、戦後教育は「自分のために生きる」ことを教えてきました。この教えは間違いではありません。けれども戦後六〇年間の教育実践を経て明らかになってきたのは、「自分のために生きる」ことを教えるタイミングが間違っていたらしいことです。その証拠に、子どもや保護者と接していて、「自分のわがままは主張するが人の話は聞こうとしない」「しなければいけないことでも、したくなければしない」などと感じることが多くなりました。

本来は「自分のために生きる」＝「人のため

に生きる」なのです。ところが自我の確立ができていない時期に「自分のために生きる」ことだけを教えてしまうと、「人に迷惑をかけても自分の好きに生きる」ことを身につける危険性があるのです。

その具体的打開策のひとつが「誰かに食べてもらいたい弁当」作りなのです。（○○に喜んでもらいたい）と強く念じながら仕事をすることの充実感をわからせたいのです。この「弁当の日」のあとで、「お父さんに食べてもらいたいと思いながら作ると、自分だけの弁当を作ったときより何倍も楽しかったです」という生徒の感想がありました。「自分は家族のなかで存在する価値がある」「自分のしたことを喜んでくれる家族がいる」「喜んでくれる人のために努力する」ことをしっかりと体感して卒業してほしいのです。

以上の七つの課題は、和食になじんでほしいと願って①④⑤⑥を、家族の絆を深める機会にしてほしいと願って②⑦を、自己健康管理能力を高めるために③を設定しています。

家庭科の衰退と家庭

「家庭科の衰退が家庭の崩壊を招く」という言葉があります。受験教科に押され、さらに学校週五日制、国民祝日と休日の増加、総合的な学習の時間、選択教科、道徳などのさまざまな要因から技術・家庭科、美術、音楽はまさに「風前のともしび」状態です。食関連の授業で言えば、技術・家庭科が男女共通履修になった分、男子が調理する時間はできましたが、女子が調理をする時間は激減しました。結果的に男女ともに台所に立てなくて当たり前の実態です。授業がなくても家庭で平素から調理をしていれば問題は小さいのですが、国全体の学校教育が家庭科を軽視している状態ですから、家庭でも家庭科の学習内容は軽視されるのです。「食の乱れ」が多くの生徒指導上の問題の原因のひとつにあるのなら、「学校が、家庭科を大切にしている」というメッセージを「弁当の日」という方法で訴えればいいと考えています。家庭を大切に思い、実践する生徒に育ってほしいから、私たちが家庭科を重要視するのです。

「卒業までに家族に喜んでもらえるとくい料理を十品目持つ」「地域の食文化を誇りに思い、後世に伝えられる力を育む」「家族をもてなすことができる〝鍋奉行〟になる」こんな具体的な目標が生徒の生涯に大きなプラスになると思っています。（そんなこと、家庭を持ってからでも十分にできる）と多くの人が思っているでしょうが、中学校卒業までに軽視したことがらは、その後も続くのです。給食のない高校生・大学生が、キレやすくすぐに地面に座り込む体になっている報告はいくらもなされています。それは社会人になっても親になっても、なかなか改善できないのです。そして子どもたちの生活習慣病やアトピー皮膚炎や肥満へと、次世代にまで継承されているのです。

家庭を築き支える技術を習得させる授業の積み重ねが、生徒たちに具体的な家族像を描かせるだろうと思っています。豊かな社会に育った生徒たちは「してもらう」ことに慣れています。一度も手料理を食べさせてもらったことがないと言う生徒もいます。私は職員に、「家族にしてあげる生徒にしてください」「家族にしてあげる力をつけた生徒にしてください」と訴えています。小学生には言いにくかった言葉ですが、中学生になら言えるのです。そうすれば、大切な家族との絆を深め、家庭の幸せを守るために、思慮深く行動する親に成長していくと考えています。そんな生徒が全国で育ってほしいと思っています。私の知る範囲で、「弁当の日」実践校は六県一四校になりました。

番外編は「なべの日」で

「家族団欒」にこだわる私は、七つの課題の番外編として、二人の家庭科教員にもうひとつの注文をしました。「三年生が卒業する前に、クラス単位で鍋料理を教えられないか」と言ったのです。生徒が、自分の家族に鍋料理をふるまえるようにしてほしかったのです。献立から、調理・もてなし・片付けのすべてができる、いわば「鍋奉行」養成講座を開設してほしかったのです。ただでさえ「弁当の日」の指導とマスコミ対応で多忙をきわめているはずなのに、先生方はたいへん意欲的で「担任やお世話になった先生を案内して謝恩会にしたいです」という返事でした。私は早速、必要な土鍋セットとガスコンロを購入し、教務主任に授業時間の調整を依頼し、全職員に周知し、二月中旬から三月はじめにかけて七回実施しました。これは「なべの日」と言っています。

三年生が卒業前に、組単位でする鍋パーティは先生や給食調理員さんへの感謝の気持ちを伝える謝恩会です。どんな鍋にするか、決められたお金でなにを買うか、どんなふうにもてなすかなどは生徒が考えて実施します。鍋料理を「一家団欒の食卓」の象徴と考えているからです。

平成一八年二月一七日、三年二組から「なべの日」はスタートしました。事前指導をして、当日は第三校時から、徒歩三分のスーパーに買出しに行きました。一人当たりの材料費は、給食費の返金と集金で約七〇〇円です。六人編制の班毎の鍋で、人気は「寄せ鍋」か「キムチ鍋」でした。スーパーで値段を見てカニを豚肉にしたり、チラシで安いものを探したり、レシピ本を見せて店員に教えてもらったりしながら、電卓を使って予算を有効に使い切っていました。デザートを計画していない班はありませんでした。電卓を忘れ、予算オーバーして、レジで肉を一パック返品した班もありました。

買い求めた食材を調理室で切り、皿に盛り、土鍋には出汁を作り、多目的教室に準備した食卓に運びました。食材の切り方や盛り付け方を見ていると、いかに鍋料理を「作っていない」かだけでなく、鍋料理を食べているときも親のしているところを「見ていない」かがわかります。長ネギやエリンギを小さく小口切りする生徒、白菜を一枚ずつはがして一枚ずつ切る生徒、それを全部洗う生徒。「食べたことはあるけれど、どんなふうに切っているかは見たことがない」と言います。もしかすると、見ているのはテレビかも知れません。教員も叱るより、「教える楽しみが多い」と思って取り組んでいます。こんな実態だからこそ、体験させて身につけさせなくてはならないのです。開会の挨拶があって、食卓ごとのガスコンロで鍋料理が始まりました。肉・魚・カニ・豆腐などの生ものが多いので、食あたりにならないことを一番に心配していましたが、予想通り、生徒たちは全くのお構いなしです。テーブルごとに、箸の使い分け、具を鍋に入れる順番や位置、具にしっかり「火を通す」食べ方などを教えていきました。

生徒たちは終始ごきげんで、鍋は雑炊やラーメンにして、最後のデザートまですべての班が見事に食べきりました。私が招待してもらった男子ばかりの班の寄せ鍋は、カニが買えなくて豚肉、ウインナーソーセージ、タコ、しいたけ、白菜、ねぎ、糸こんにゃくの具で、とてもおいしくいただきました。「初めから終わりまで全部自分ひとりでできるか」と問うと、六人とも「時間はかかるけどできる」との返事でした。でも「鍋奉行ができる」と答えたのは二〇パーセント弱でした。八〇パーセントくらいには到達するだろうと予測していたのですが、大誤算でした。

それでも、こんな「なべの日」は、学校の家庭科の授業としては初めての試みで、なにをどう指導すべきかがたくさん見えてきました。新しいことをするときの不安は、踏み越えなければならないステップだと思いました。この経験が来年度の「なべの日」の指導に生かせるのです。生徒のほうも、先輩から「なべの日」の話をきくだけでレベルアップしていきます。食育は、生徒たちが教師を育ててくれる場面の多い分野だと痛感しています。

生徒をはげます家族からの声

中学校での「弁当の日」は平成一七年で二年目を終えました。「弁当の日」ごとに、学級担任や家庭科の先生がアイデアを生かした取り組みをして、自作弁当の記録写真を貼った横に、生徒や保護者のコメントがはいったカードを作ります。国中祭（文化祭）では、体育館の壁一面に全校生徒のカードを展示しました。保護者にはほかの生徒の弁当を見てほしかったし、地域住民には、生徒の奮闘ぶりを知ってほしかったのです。食い入るように見ている人がとても多かったので、うれしく思いました。

生徒も保護者も、「弁当の日」に取り組んだことはとても意義があったという内容のコメントがほとんどです。生徒のコメントでもっとも多かったのは「大変さがわかった。親に感謝したい」、次は「おいしいと言ってくれたのがすごくうれしい」「自分一人でできました。満足」「ちょっと手伝ってもらった。次は一人で作りたい」でした。

私がとてもうれしかったのは、家族の方がとても上手に生徒たちをサポートしてくださっている

行け行け、国中！

ことです。親のほめ言葉やお礼の言葉が、生徒にはこんなにもうれしいのだとつくづく感じました。また一・二年生で、高校に通う兄・姉など家族のための弁当も作った人が多いのにビックリしました。「弁当の日」実施前に、「朝は、高校生の姉の弁当作りに大変なので、弟に台所に立たれると困る」という親の声がありましたが、「きょうだいの弁当も作らせる」という方法があったのだと、私も感心しました。それに「弁当の日」は三年間で七回なので、前日の準備などで打つ手はあると思いました。

ほんの一部ですが保護者の声を紹介します。

●とても恥ずかしいことなのですが、わが娘は、今回初めて卵焼きに挑戦しました。少々不安でしたが、初めてにしては上手に作ることができたといました。いつも一人で作っていたので大変だったろうと思い、ほめてあげました。朝、弁当を作り終え、家を出るまではとても疲れ、不機嫌そうにしていましたが、本人の書いた感想を読むと、温かいものを感じ、ホッとしました。今日の朝・夕食の食卓にお弁当の余分に作っておいたものを並べ、家族で食べました。もちろん、「おいしいね」と言いながら。また一緒に、「お手伝い」じゃなくて、食事を作りたいと思います。

（一年二組　藤田侑花の母）

●前日の炊き込みご飯の下準備が一時間ぐらいかかり大変だったと思います。当日は手早くよくできていて、見た目も内容もバランスのとれたお弁当ができました。小学生のときから、時々夕飯を一緒に作ったり春休みはお米をとぐ係りをしてくれたり、その成果が実ったように思います。よくがんばりました。

（一年五組　大比賀正彦の母）

●料理ができるまでのいろいろな過程の経験をして勉強になったと思う。細かいこと一つひとつを教えていかなければいけないのでかなり面倒ではあるが、またなにかのときに役立ってもらえればと思う。段取りは何をしても大切。経験を積み重ねていってください。（一年五組　坂下洋一の母）

●子どものお弁当作りを手伝いながら、いろいろお説教してしまいましたが、それも含めて、とてもよい経験ができたと思います。「弁当の日」がなければ「お手伝いをさせる」「料理を教える」ことが大切だと思いながらも、日々の忙しさのなかでついつい勉強のことのみ口うるさく言って、毎日が過ぎています。これから「弁当の日」を重ねるごとに、料理のことや生活のなかでの時間、手順、要領、うるおい、人への優しさ、思いやり、自立ということにまで考えていけるようになればいいなと思います。　（一年六組　田中萌実の母）

●買い物から前日の下ごしらえ……。どうなることかと思っていましたが、買い物も値段を比べながら買うことができました。前日の下ごしらえも、にんじんを切ったりお米をしかけたりと、いつの間にこんな大きな手になったのかと思う驚きと、一生懸命に材料を切る姿に胸がいっぱいになりました。冷凍食品を使うこともなく、すべて自分で作っていました。作ることの大変さと、出来上がったうれしさで、思い出に残るお弁当ができたことと思います。　（一年七組　出田龍太郎の母）

●今回の「弁当の日」は、朝練習と重なったため、いつもより早起き（五時半）をして作っていました。いつもなら文句のひとつも言うのでしょうが、素直にアドバイスも聞き、親子で「ああでもない、こうしたほうがいいのでは」と、朝からちょっとした料理教室でした。帰ってから自分の弁当箱と洗い物を自分から進んでしてくれたのには、感激でした。　（二年一組　堤凌太の母）

●私が気づかないうちに起きたようです。私が台所に行ったときは弁当がほとんどできていたのでびっくりしました。「弁当の日」以外でも自分で早く起きてくれたら、母は助かります。

（二年二組　木村崇志の母）

●牛肉に包まれたサヤインゲンとチーズがマッチして、とてもおいしかったです。また、さいころ大に切った細めのサツマイモに塩ゴマで味付けしたのも最高でした。トマトとシメジをグラタン風にしたものは、トマトを温めてもおいしいことがわかりました。これからも時々作ってほしいです。期待しています。

（三年三組　亀井莉佳の父）

生徒たちは献立をたててから買い物に行くだけで、多くの学びがあるようです。それだけ家族の食事のための買い物に参加していなかったという証明です。ふだんはスーパーに出かけても、お菓子や雑誌のコーナーぐらいしか行かない子どもが、目的の食材を探して、納得のいくものを選ぶ体験をするだけでも生活感を持ちはじめます。

どれが新鮮かな？

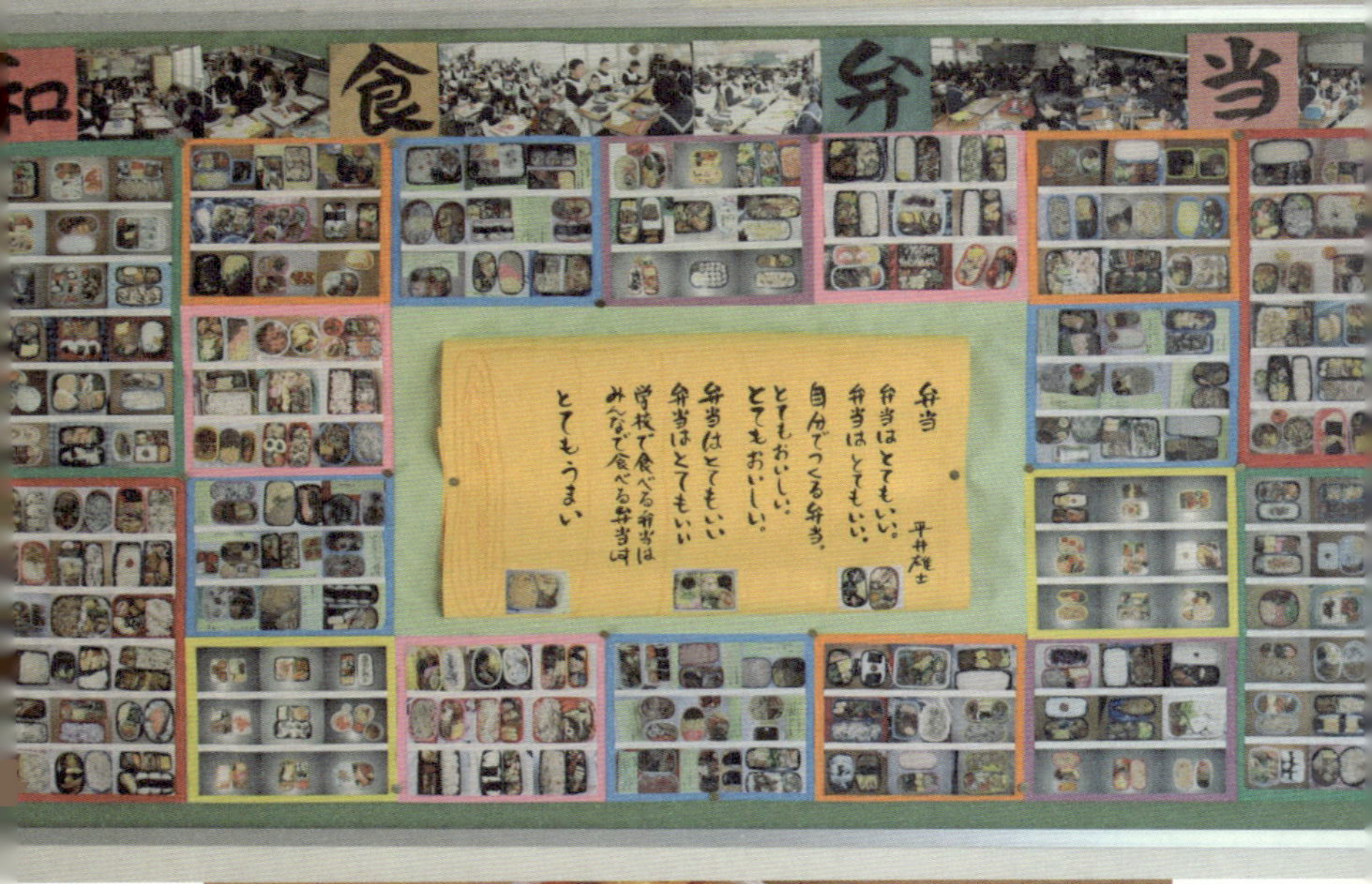
和食弁当
弁当
平井雄士
弁当はとてもいい。
弁当はとてもいい。
自分でつくる弁当。
とてもおいしい。
とてもおいしい。
弁当はとてもいい
弁当はとてもいい
学校で食べる弁当は
みんなで食べる弁当は
とてもうまい

力作弁当の数々。一学年分の
写真をまとめた掲示は迫力だ

上は竹下校長の
「父親に食べて
もらいたい黒豆
玄米ごはん弁当」

祭を クラ ス全 員で 成功 させ よう

「弁当の日」を支える教職員たち

「弁当の日」は生徒だけでなく、担任はもちろんほかの教員も弁当を作ります。その日の職員室では「5時に起きた」とか「奥さんがうるさくてたいへんだった」の声が聞こえてきます。美術の先生の弁当の彩りの美しさには「さすが！」と唸ってしまうほどです。私も3年生と同じ日に「父親に食べてもらいたい弁当」を作りました。もう20年近く前に他界していますが、白米好きだった父に、（健康食だよ）と「黒豆玄米ごはん」を炊きました。

家庭科教員としての手応えを感じて

二年六組担任　眞邉国子（家庭科）

手探りの一年目

家庭科の教員になって、一八年。この国分寺中学校で四校目になるが、今まで勤務した学校で国分寺中学校ほど、家庭科の教員として自分の仕事の重さを感じたことはない。

平成一六年度の一学期末に、校長先生から、「〝弁当の日〟をこの国分寺中学校で実施しようと思うのだが、どう思いますか」と聞かれたときには、正直、頭のなかで「どうしよう」と不安がよぎったが、思わず「はい、わかりました」と答えていた。そのあと、小学生でできた「弁当の日」を中学生に本当にできるのかとまず考えた。小学生はまだ素直で順応性もあり、時間的にも余裕がある。中学生は、勉強や部活動にと、とても忙しい。また、精神的にも思春期でむずかしい年齢。そんな生徒たちがはたして取り組めるのかと考えた。でも、やると決まった以上、なんとかしなければならない。次の日から、どう進めていくべきかを考えた。

まず授業で、弁当作りをするための最低限に必要なことを教えていかなければならない。学校の調理室で調理実習として作るのではなく、家庭で弁当を作るためには、生徒の家の冷蔵庫にあるもので、家庭の調理器具を使ってということになる。食材も器具もそろっていない、経験もあまりない中学生に、なにを準備させ、どう教えたらいいのか。どの学年も家庭科の授業が週一回、しかも全校で二〇クラスもあるのに家庭科の教員は私一人ということから、多くの指導はできない。

一〇月中旬に、「弁当の日」に挑戦するのは一一クラスに決まった。「弁当の日」の実施予定は一二月一三日、一月一七日、二月一四日の三回だった。今年は、技術的な指導をする時間はとれないと判断し、献立のたて方を中心に指導することにした。学校栄養職員の三宅律子さんと、まず実施することになったクラスで献立のたて方、弁当作りのポイントを授業で教えることにした。そのあと、計画をたてたが、すべて仕上げるのは家庭科の授業だけではむずかしいので、担任の先生にお願いし、学活などの時間を利用して、各クラスで計画表を書き上げてもらった。

弁当作りの計画の授業では、クラスや学年によって反応はさまざまであったが、おおむね生徒は意欲的に取り組んでいた。とくに一・二年生で実施したクラスは、授業で計画をたてるときも、三宅さんの話を真剣に聞き、一生懸命に計画をたてようとしていた。「きんぴらごぼうの味付けはなにが入っているん?」「肉じゃがはどうやって作るん?」など、自分がわからないことは積極的に聞いて献立を考えていた。三宅さんと私とで点検し、修正したらよい点をひと言書いて、生徒に返却した。一回目の実施後も協力してくださる先生のクラスの計画表は、ずっと点検させてもらった。私の立場からは、計画表を見ること、それを生徒に返してやることでしか、個別に指導できない。

私たちは、生徒個々の家庭の状況は見えないので、担任の先生には個々に計画をたてるときや、実施前の指導など細かい点を配慮してもらい、個別に声かけをしてもらった。

そして、初めての「弁当の日」。私は、自分の子どもが交通事故に遭い、その日は年休を取らざるをえなくなったが、校長先生に電話すると、弁当を忘れる生徒もなく、無事全員が弁当を持ってこられたということだったのでほっとした。二回目からは、自分の目で子どもたちの様子を見、生徒たちがきちんと作ってきて、うれしそうに自分の弁当を友だちに見せていることに、私自身もうれしいのと同時に、やってよかったなあと実感した。

ゆとりをもてた二年目

そして、二年目である一七年度。毎回弁当のテーマを設定し、三年間で生徒がそれぞれのテーマにあった弁当を七回作るように計画をたてた。テーマは、生徒たちに身につけてほしい力を校長先生と話し合い、発達課題も考慮して設定した。また、校長先生の方針で一七年度から家庭科の教員が二人になった。家庭科の重要性を理解してくれ、支援してくれる体制ができるのは、家庭科の教員として大変光栄なことであるし、うれしいことである。

私は、この年度は二年生だけを担当するようになった。二年生は「総合的な学習の時間」を食育にあてたので、生徒からすれば家庭科の授業が週二回になった。前年度は、献立を中心とした理論的なことの指導に時間をあてていたが、この年度は技術的な指導を中心に、授業を組み立てた。週一時間であった前年度は、一時間以内で調理実習をすませるための準備と片付けの時間に膨大な負担がかかり、たった一人で二〇クラスというのは困難をきわめた。この年度から教科書の内容をていねいに指導する時間もとれ、しかも教科書以外で調理の基礎・基本となるような実習の時間を多くとることができる。私自身も細かく、しかもゆとりのある指導ができ、生徒にとっても、時間にせかされて実習していた昨年度までと比べると落ち着いて取り組めるようになった。

「弁当の日」効果と、指導体制が整ったこともあって、私がこれまで教えてきた二年生の調理実習の様子と比べても、はるかに早く、しかも失敗が少なく調理ができている。それに、片付けもはやくきれいにできる。実習を多く取り入れ、回数を重ねることで、生徒自身も実技面では向上しているのを感じる。

そして、一七年度の最初の「弁当の日」は一〇月一一日。九月の最初の授業から計画に入っていった。二年生のテーマは、「地元の食材を使った弁当」。香川県の食材についての学習をして、計画をたてていった。地元の特産物については、香川県農政水産部などで作っているさまざまな資料を活用させてもらった。生徒は、まんば・さぬき菜などの給食に出てきた野菜は知っているが、それがもとはどんなかたちをしているかを知っているものは少ない。国分寺町は学校給食で地産地消の取り組みをしており、生徒は小学校のころから、しいたけ、さつまいも、ぶどう、大根、さぬき菜

サラダに果物でビタミンもバッチリ

などの地元の食材を給食を通して知っているものの、地産地消がなぜよいのかということまではあまり考えていなかったので、地元の食材を見直す機会にもなった。計画時にも、季節の旬の野菜・果物・いもなどを中心に献立に取り入れられていた。二年生は昨年度全クラスが「弁当の日」を実施していたこともあり、どの子も意欲的でスムーズで、家庭科の授業で、すべてアドバイスもでき、計画表も完成した。

当日も、昨年よりも親の手をかりず、自分で作れたと答える生徒がほとんどであり、少しずつであるが生徒の成長が見られる。

「食」、学校でできること

私は栄養士になろうとして大学は栄養士を養成する科を選び、資格もとった。しかし、家庭科の教員の道を選んだのは、子どもに直に触れる機会が栄養士よりも多いと考えたからだ。食に関しては自分自身も子どものときから一番関心のあった内容である。自分の家庭は専業農家で、忙しい母のかわりに自分で家事をしなければならないことが多かった。母は高校で家政科を学んでいたため、忙しいときでも食事や洋服などを作ってくれていた。その母の影響もあり、家庭科が好きで、そして、子どもが好きで人を教える教員をこころざした。家庭科の分野のなかでも、とくに食事に関してはいろいろな思いがある。自分の子どもには、忙しくとも、少しでもちゃんとした食事を食べさせたい。しかし今の生徒たちの家庭の考えはさまざまで、食事に重きをおいていない家庭もある。

この仕事をしていて思うことは、学校という場だけでは食に関する指導は限界があるということだ。食事の基本はやはり家庭にある。その家庭を基盤にした食の指導をしていかなければならないと思うが、現実はむずかしい。せめて、目の前にいる生徒たちには、学校という共通の場でさまざまなことを教えていくのが私の使命だと考えている。

「弁当の日」の取り組みは、生徒に学校と家庭で食事を作る機会を与えることができた。家庭で料理に関する話をし、親子で会話する機会が増えたと思う。取材や視察に学校を訪れた人たちから「〝弁当の日〟で、生徒にとくに変化は見られるか」とよく聞かれるが、さほど大きく変わったところはない。でも、弁当作りを通して、生徒たちに「食べられる」ことへの感謝や食材を大切にする気持ち、また、昔ながらの手作りのよさを感じてほしいと願っている。そして、ひとりの人間として、自分で考え、自分で判断し、自分でできる自立した人間になってほしい。

感謝の連鎖

三年七組担任　吉田　崇（国語科）

まずは、学級通信のファイルをめくってみた。「弁当の日」の前の日（金曜日）から、「弁当の日」の次の日までの三日間の学級通信に自分が書いたことと、学級通信に掲載した生徒の生活記録を書き出してみた。

「弁当の日」前の日　●学級通信「虹　99号」
10／17弁当の日

国分寺中学校の取り組み「弁当の日」が、いよいよ来週の月曜である。一、二年生は今週取り組んだ。テーマは、「〇〇のために作る弁当」。

家庭科の授業を通して野村先生が、ご指導、アドバイスをしてくださった。野村先生は、ファイルを何時間もかけて点検してくださっていた。

三年生として「弁当の日」ラストをかざる「弁当」。だれかのための思いのこもった「弁当」。

どんなのができあがってくるのか、とても楽しみである。

・ファイル忘れずに！

（チェックシート・ワークシートとじる）

・メッセージカードを添えて！

健闘を祈る。

前の日は、金曜日であった。ちょうど進路懇談会もひかえており、その予定表の横に書いてあった。家庭科の先生方の苦労については十分知らせておきたかった。昨年度から二年目の生徒もいるが、今年初めての生徒もいる。期待を込めて「健闘を祈る」と大きく書いた。

担任も弁当を作る。昨年度も作ったが、朝のありあわせのもので作ったところがあり、二年目なのでちょっと工夫を重ねようと、幼稚園弁当の本を参考に研究をした。日曜日に、家になかったものを買い物ついでに購入もした。感謝の相手は、家族である。

「弁当の日」当日　●学級通信「虹　100号」

朝五時に起きて、家族と自分の弁当を作った。たまたま息子の幼稚園が遠足で、その間、妻は娘を連れて園の掃除に行くということで、家族それぞれに弁当が必要な日であった。

あれやこれやと考えて作っているうちに時間はどんどん過ぎ、遅刻してしまった。すいません。

弁当作っているおうちの人ってすごいなーと思った。

生活記録（「弁当の日」前日の記録）より

■明日は「弁当の日」♪したごしらえもして、ばっちし！　早起きするぞー。（K）

■「弁当の日」、母さんに作るんですが、ついでに全員分作るハメに!!　てか、月曜、母さん仕事休みやし!!（K）

■「弁当の日」の買い物に行きました。がんばって作りたいです。（M）

■今日は弟とキャッチボールとノックをしました（弟が野球部なので）。勉強とかでストレスとかたまりがちだったんで、楽しかったです。あと、「弁当の日」の材料を買いに行きました。明日、きれいにできるといいナ……。（G）

■明日、「弁当の日」だ。お母さんに『感謝☆』という気持ちを込めて作りたい。（H）

■今日、お弁当の用意のおかずを買いました☆早く起きて作りたいです。（S）

五時に起きて作れば間に合うだろうと高をくくっていた。妻の実家で昨日祭だったので、巻寿司をもらってきているし、なにを作るかも大体考えていた。

まずはポテトサラダである。ニンジンが大好きな三歳の娘のために、ニンジンを星型に切ってジャガイモと一緒にゆでた。キリンも好きな娘に、幼稚園のお弁当の本からヒントをもらって、ソボロごはんにして薄焼き卵とハムでキリンを作った。

息子は「ムシキング」「マジレンジャー」が好きなので、これも幼稚園のお弁当の本からカブトムシをウインナーと海苔で作った。おにぎりを五つ、これがマジレンジャー。ふりかけの色とおにぎりに巻く海苔でデザインをした。海苔にはさみを入れて切り抜く。海苔を切るのはむずかしい。シャケふりかけがマジピンクなどのように。

妻と娘はシュウマイ好きなので、これは前の日に買ってきていた。妻が、カニでアレルギーが出ていたので、海老シュウマイはやめにした。

昨年度も三年生担任で「弁当の日」を三度経験した。そのうち二回、生徒が弁当を忘れてきていたので、多めに弁当を作ろうと考えていた。ひとつは息子の弁当と同じように。もうひとつは娘の弁当と同じように。

あれこれ考えながら作っていると楽しいのだが、時間がどんどん過ぎていた。結局五人前作ることになったし、自分の持っていくものはサイズも大きい。なにで埋めようかと思案しているうちに家を出なければならない時間も迫ってくる。写真も撮りたいし、あせってくる。すきまは、結局みかんで埋めた。苦肉の策。

案の定、学校には遅れた（念のためにいうが、八時には間に合った）。三段重ねのキティちゃん弁当箱に生徒は苦笑していた。三段目はエプロンである。

生徒たちの弁当にお目にかかったのは、四校時が終了して給食の時間になってからだ。デジカメで写真を撮るということで時間を取った。弁当の写真と弁当を入れた本人の写真を撮影した。どの顔もいい顔だった。あまりにいい顔すぎて、この顔写真をそれぞれに載せた陣中見舞いはがきを作って、冬休み中にクラスの生徒全員に送ったほどである。

弁当は見事なものだった。さすが三年生、写真に残すだけではもったいない。「じゃ、せっかくやし、弁当を見て回ろう」ということで、お腹をすかしつつも、弁当の展覧会になった。

今年も、弁当を忘れているものが一人いた。「よかった。こんなには食べられんからな。どっちがいい？」と聞くと、彼は「ムシキング」を選んでおいしそうに食べていた。さすが男の子、わかっているな。

取材や視察の方も大勢いらして、生徒たちも興奮気味である。部活動も終了し、そろそろ受験モードに入ろうかという時期に、少し楽しい行事になった。

「弁当の日」　次の日　●学級通信「虹　101号」
（生徒一人ひとりと弁当の写真を小さくして全員分を掲載）

弁当作りを通して、さまざまなことを見つけたり、身につけたり、考えたり、知ったり、君の発見はなんだろう。

生活記録（「弁当の日」当日の記録）より

■今日は「弁当の日」だった。早起きして、四人分の弁当を作った。よろこんでいたから、作ったかいがあった♪（H）

■弁当よろこんでもらえてよかった。また休みの日とか作ろうかな〜。（O）

■今日の弁当はうまかった!! 校長先生が写真をとってくれた。本に載るかな!?（F）

■今日、「弁当の日」だった。みんなすごくおいしそうなお弁当を作ってきていて「すごいなー」って思った。（H）

■今日は「弁当の日」だった。一時間かけて作っただけあって、おいしかった。（K）

家に帰ると、家族が喜んでくれていた。ふだん小食な息子も、空の弁当箱を見せてうれしそうだった。

生徒たちも同じだったらしく、次の日、ワークシートや教室掲示用のプリントを書かせていると、家族の弁当に添えていたメッセージカードに返事があって、それをうれしそうにながめているものが多かった。ワークシートの裏に貼るようにというと、「先生、貼らなくてもいいですか。持っておきたいから」という生徒がいたくらいだ。感謝の気持ちを込めたものに対してまた感謝の言葉が届く。それがうれしい。またしようという気になる。感謝の連鎖はすがすがしいなぁ。

学級掲示のプリントに貼り付けるためのデジカメの写真を用意した。生徒たちは、自分たちの工夫を書き込んだ。「机を離れて移動していいから、友だちのプリントに感想を書き込んで」と指示を出した。生徒たちは楽しそうにコメントを記入していった。カラーの写真に、カラーのコメントの入った掲示物で、教室が華やかになった。

三学期になって、家族にビーフシチューを作ったとか、昼食を自分で作ったということを生活記録に書くものもいた。

次は、三月三日に私や調理員さんたちへの謝恩会をかねて、三年七組の「なべの日」だそうだ。生徒たちは私に内緒でいろいろな企画を考えているらしい。楽しみである。

「弁当の日」で健康への意識を高める

養護教諭　川部広子

高脂血症の生徒たち

本校では校長の提案で、平成一六年度から希望者のみ自己負担で、生活習慣病予防のために血液検査を実施しています。一七年度も前年度とほぼ同じ、全校生徒の約三割にあたる二二〇名が受検しました。検査を担当してくださるのは学校医の三橋康彦先生と看護師スタッフ全員です。生徒（保護者）が支払う自己負担の費用は血液検査センターの検査費の実費のみで、採血や結果を診てのご指導の経費はすべて三橋先生のご好意に甘えています。「生徒のために……」と言ってくださるので大変恐縮しています。

前日までの準備と採血の三日間は先生の病院スタッフ総出で当たり、授業時間への影響が少なくなるように作業の流れも考えてくださっています。本当にありがたい限りです。

採血は、全校生徒の定期健康診断の庶務がほぼ終わった六月末から七月初旬にかけて行なっています。結果は夏休み前に検査結果票を個々人に配布します。一七年度は一二名の生徒が高脂血症でした。これは受検者の五・五パーセントに当たります。

三橋先生のご指導を受けて、私と学校栄養士（三宅律子）の二人三脚で生徒への指導を始めました。夏休みに入ってすぐ、一学期の通知表・成績表を渡す、親・子・学級担任の三者懇談がありますが、一二名の生徒はホームルームでの懇談が終わると帰りに親子で保健室に寄ってもらうよう、学級担任に連絡をしておきました。親子と三宅・私の四人で、検査結果の補足説明や現在の生活習慣の見直し、改善について話し合います。時間は一人の生徒に約二〇分です。

話し合い以前に、ふだんの生活習慣についてのアンケートをとっていますので、私から生活全般、三宅から食生活についてと、分業して話をしました。とくに食生活については朝食・おやつ・夕食・野菜のとり方など、生徒自身が自分の食生活のどこを改善すればいいか、そして（この項目の、こんなことならできそうだ）と気づくようなワークシートを準備しておきました。話し合いのなかで生徒たちは、「糖分のあるおやつを減らして、果物を食べるようにしよう」「野菜を食べる量を増やそう」などと言うようになりました。

でも、夏休み期間中は給食がありません。親は夏休み中も仕事に出かけますから、生徒だけの判断で食事をすることも多くなります。生徒は登校しませんから、指導の効果の確認をしようにもできません。四〇日近くも本当に自己管理ができるかどうか不安でした。

二学期に入り、偶然廊下で会った一人に「どう？」と声をかけると「野菜食べよるでー」と返ってきました。（良かった。意識が持続しとる）。

「弁当の日」で食と生活をふり返る

私は「弁当の日」をスーパースターだと思っています。生徒が自分一人で作る弁当には、いろいろな力が隠されているからです。生徒たちは家庭科の時間、あるいは総合的な学習の時間に家庭科の先生から献立作成のノウハウを教わり、弁当作りのテーマにそって、各自が思い思いの献立を作成します。完成した時点で全員に家庭科教員の個別指導が入りますが、一二名の生徒については、

めしあがれ

血液検査結果をふまえた弁当作りができているかどうかも助言をしています。

「弁当の日」の献立作りは、生徒自身が自分の食生活をふり返る場面です。一二人は、十分練りこみ、考え、完成したご自慢の〝弁当ファイル〟を持って保健室にやって来ます。不安そうな表情の生徒、ニコニコ顔の生徒などいろいろです。どの献立も完成図もなかなか立派で、話を聞きながら三宅さんが具体的に調理法までアドバイスしています。たとえばホウレンソウのソテーはゆでるだけに、唐揚げは一個減らして野菜を入れて、と生徒の献立を大切にしながら部分修正のかたちで提案しています。その後、私が最近の生活習慣の実態を聞いて、常に意識するように助言しています。

いよいよ「弁当の日」当日。三宅さんと二人で教室を回って、一二人の弁当に会いに行きます。

みんな、助言したことをよく守っておいしそうな、食べたくなるような弁当ばかり作ってきていました。「野菜が増えたね。おいしそうやわ」「こんなキノコご飯、先生も食べたいな」「これと同じ弁当を今日の昼にお母さんも食べるんやろ。絶対喜ぶわ」と声をかけて回ります。どの子も満面の笑みです。私たちもうれしくなります。ものを言わない弁当が、生徒たちに多くのものを語りかけてくれています。

一六年度は、高脂血症の一四名が弁当作りをしました（この年度は希望したクラスのみ〝弁当の日〟に取り組んだ）。前述のように一七年度と同様の指導をして、三か月後の血液検査を促しました。これも自己負担でしたが一一名が検査を受け、九名の生徒の数値が改善されていました。一名は変化なし。一名は数値が上がりました。

三年間でたった七回の「弁当の日」はきっかけでしかありません。「二・三回弁当作りをしたら病気が治ってしまう」という魔法の話ではないのです。でも「弁当の日」のおかげで、自分の健康管理を意識して食生活や生活習慣を改善する意欲は増したのだと思います。（親や先生が、自分の健康や将来のために個別指導をしてくれている）という実感がそうさせたと思っています。

私たちは医師ではありませんから、病気を治療しようとしているのではありません。より健全な生活を自ら進んで実行する生徒を育てるために、「弁当の日」を有効活用しているのです。

「食育」が注目される時代の実践

栄養士　三宅律子

給食を大事にする校風

平成一六年度の異動で国分寺中学校への勤務が告げられたとき、私は正直なところ落ち込んでいました。香川県には、給食センターの置配ではなく、中学校で単独調理場を持っている学校は六校しかありません。この校数の少なさからも、私は自分が中学校勤務をすることになるとは思いもしていませんでした。中学校といえば給食指導もむずかしいし、残菜も多いし、教室では生徒の冷たい視線が待っているのでは……？　しかも、国分寺中学校に赴任の挨拶の電話をすると、竹下校長先生の「国分寺町は文科省指定の食育推進事業を請けていますから……」との言葉。前途多難！そんな私に、送別会の日、同僚の先生が「滝宮小学校で〝弁当の日〟に取り組んだのが竹下校長先生」ということを教えてくれたのでした。

赴任してみてまず驚いたことは、給食の残量が毎日ほとんどゼロに近いことでした。給食は残してはならないものという校風ができあがっていました。生徒は食缶などの返却のとき、ほんの少し残った料理を見ながら、「もったいないなぁ」「これおいしかったのになぁ」などと、かわいく言ってくれます。先生方もよく協力して、給食指導に取り組んでくれています。（もしかして、小学校よりやりやすいかも……）私は予想外の展開にうれしくなってきました。

国分寺町には、小学校二校と中学校一校があります。三校がいずれも大規模校で給食調理場を持って単独調理方式の給食を実施しており、学校栄養職員も各校に一名配置されています。各小学校に隣接している二つの幼稚園にも、それぞれの小学校の調理場で作った給食が供されています。給食の献立は統一方式にしていますが、学校栄養職員が各校に配置されているため、児童生徒の実態や学校行事に合わせて変更が自由自在に行なわれます。毎月一回献立委員会が開かれ、各校の給食主任、学校栄養職員、調理主任が集まって毎月の献立や反省、栄養面、指導面、調理上の苦労などについて話し合う機会を設けています。給食に携わりながらも立場の違う人たちが意見を交換することは、お互いの理解につながるし、仕事の質を高めることにもつながります。そのことが幼稚園のころから、学校給食を通しても、子どもたちの食に関する関心を高めていると思われます。

校長先生から「〝弁当の日〟を実施することにした」と聞かされたのは、夏休み直前のことでした。そのころには校長先生の講演活動の成果もあり、「弁当の日」の取り組みが少しずつ有名になってきていました。国分寺中学校の全教職員が校長先生の『〝弁当の日〟がやってきた』の本を購入していますから（校長先生は「私の下で仕事をするならこの本を買いなさい」と笑いながら薦めています）、職員の誰もが（やっぱりきたか……）と思ったに違いありません。

しかし、実施するとなると中学校の取り組みをどうしたらよいか、いいアイデアも思いつきません。実施日、希望するクラスが次々と決まり、家庭科教諭、学校栄養職員、養護教諭が弁当の指導を行なうことになりました。とりあえず家庭科教諭の眞邉先生の授業で弁当の計画をたてることになり、私も授業に参加して弁当の作り方や栄養や衛生管理について話しました。生徒の反応はさまざまでした。楽しそうに計画をたてる子もいれば、全く興味を示さない子もいます。第一回の「弁当の日」には、マスコミが多数取材にくることになっています。「だいじょうぶだろうか……?」私たち三人と教頭先生は不安でたまりませんでした。

見えてきた二年の成果

第一回弁当の日の朝、私は五時に起きて弁当を作りました。その日は「弁当の日」に取り組まないクラスのための給食があり、私は作らなくてもよかったのですが、生徒に指導した手前、なんとなく悪いような気がしたからです。一二月の朝五時は真っ暗でした。今ごろは、国分寺町内であちこちの家の台所に明かりがともり、生徒が奮闘しているだろうことを想像すると、ちょっと愉快な気持ちになりました。やがて日が昇ると、その日はよく晴れていました。

給食の時間になり、実施したクラスが中庭に集合してきました。写真撮影があったからです。どの子もおいしそうなお弁当を持ってきていました。自慢そうにお弁当を掲げる顔・顔・顔……。「弁当の日」は、とりあえず大成功でした。

「先生、野菜入れたよ！」女子生徒が弁当箱を開いて見せてくれました。子どもたちの作ろうとする弁当は、栄養のバランスがよくないものが目立ちます。卵焼き、唐揚げ、エビフライ、ミートボール、ウインナー、ハンバーグなど、とにかく一群の食品がいっぱいなのです。弁当の授業では栄養のバランスを教えるため、材料を六つの食品群に分類していきます。「一群を減らして野菜の料理を入れようね」と指導しても、生徒は野菜の料理を思いつきません。経験が絶対的に不足しているからです。なんとか作れそうな料理を見つけ出し献立に付け加えて六つの食品群を満たすようアドバイスしていきます。それでも、野菜の全く見当たらない弁当を持ってくる子もいます。

しかし、二回、三回と回を重ねるうち、しだいに食品群を満たしてくる生徒が増えてきました。やはり実体験を通して学んだことが多かったのでしょう。反面、意欲の面ではしだいに飽きて低下していったようです。寒い冬の時季に連続して実施したことも原因のようでした。取り組みの姿勢には、男女で大きな差が見られました。女子生徒は積極的に取り組む子どもが多かったのに比べ、男子は今ひとつ乗り気になれない子が多かったようです。男女間の役割差が定着してくる年齢なのでしょうか？

国分寺中学校での「弁当の日」も二年目を終えました。一七年度は、「弁当の日」指導三年計画ができたのが一学期後半だったので、開始は一〇月になりました。とりあえず、とりあえずと進ん

ほら、カメラが

でいった一年目の反省点をもとに、計画的に進めることができるようになりました。生徒のお弁当の作品にも、彩りや栄養のバランスにすばらしい進歩が見られます。

給食を作る人の苦労もより理解してくれるようになったのでしょうか。調理員さんに「おばちゃん、給食めっちゃおいしいで！」と声をかけてくれる生徒がいたり、給食の返却のとき「ごちそうさまでした」「残してごめんなさい」と言ってくれる生徒がいたりします。学校栄養職員として、子どもたちの食育にどのように携わっていったらいいかと考える日々です。

まだまだいたらない私ですが、国分寺中学校のみなさん、「弁当の日」は、あなたたちの将来にきっと役立つときが来ると思うよ。一緒にガンバロウネ！

「弁当」にこだわる母で実践者で

三年二組担任　野村幸恵（家庭科）

わたしの思い――子育てとお弁当

家庭科の教師として二〇数年を過ごすなかで、年々生徒と生徒を取り巻く環境が変化していくのをしみじみと感じてきた。大きく変化してきたのが、食生活である。食べることは、最も生命と密接に結びついているため、多くの人々のニーズに対応し、簡単に便利に食べられることを優先した新しい食文化がうまれてきた。私自身もこの二〇数年は、主婦として母親として、子育てをし、毎日食事を作り続けた日々であり、この便利さに助けられて、多忙ななかでもどうにか仕事と主婦業を両立できている。

お弁当作りもそうである。新婚当初、給食のない夫のために、毎日作ったお弁当。体格のいい大食漢の胃袋に応えながらも、夫の健康と調理時間の短縮をめざした毎日。そして、ゼロ歳から保育所へ通った娘に持たせた、離乳食と冷凍母乳のお弁当。当時の保育所は離乳食の給食がなく、毎日、小さな瓶に詰め込んで持って行った。幼稚園になっての毎日のお弁当作り。希望者は業者さんのお弁当を買うこともできたのでその誘惑に負けそうになったけれども、家庭科教師のプライドと、仕事をしている母親のせめてもの償いの気持ちもあり、がんばって作った。

小学校では、遠足や運動会、家族で出かけるドライブなどの楽しいお弁当。いつもミートボールと卵焼きが欠かせなかった。中学校時代は、休日の部活動でのお弁当。真夏の暑い日、はたしてお弁当は大丈夫かなと心配になって、「暑いところに置いていて、食べにくいとか、おいしくないおかずがあったら言ってね」と聞くと、娘は申し訳なさそうに小さな声で「冷凍食品まずい」とつぶやいた。高校三年間のお弁当。たくさん詰め込んだ小さなお弁当箱、ローカロリーなお弁当という要求にも応えてきた。また、このころ、娘は時々、多忙な母にお休みをくれた。「今日は、コンビニでおにぎり買うわ」「今日は、友だちと食堂でうどんを食べる約束した」「今日は自分で作るよ」。寂しいようなほっとするような感覚だった。

子育ての歴史と、そのときそのときのわが子に対する思いが、それぞれのお弁当に込められてきた。現在も食べ盛りの息子のために毎日の弁当作りに励んでいる。毎朝、息子は「行ってらっしゃい」の声に、「いただきます」と言いながら家を出る。

これまでの「弁当」の実践では

平成一七年四月に国分寺中学校に赴任し、思わず「お弁当を作りに国分寺中にやってきました」と言ったくらい、校長先生のめざすものに強くひかれていた。また、私のなかにもたくさんのこだわりがあった。

　今まで何度も、勤務校の実態に合わせ、弁当を題材にした家庭科の授業を行なってきて、いくつか感じたことがある。

　一〇数年前、土曜日の午後に部活動をするため全員が弁当だったころ、授業で卵焼きを実習した後、全員に卵焼きの入ったお弁当を作ってくる課題を出した。教室を回っていると、「おいしいかどうか食べてみて」と言われて一口食べたとたん、三〇切れ近い卵焼きを食べることになった記憶がある。どの生徒も自慢げに差し出し、「おいしいやろ」と評価を求めてきた。その日以来、土曜日の弁当を自分の力で作る生徒は増えてきた。生徒は、面倒だと言いながらも、きっかけがあり、達成感、成就感を味わえたなら楽しんで作るものだということを教えてくれた。

　数年前には、飯山中学校の三年生の選択授業で「誰かへの思いのこもったお弁当」を実習した。二個のお弁当を一時間で作り、一個は自分で持ち帰って夕食に食べ、一個は作ってあげたい人に手渡し、食べてもらった。部活動顧問の先生や友だち、家族に作った人が多かった。弁当に添えた手紙に対して、書いてくれた返事には、弁当のできばえやそれに込められた思いに応える温かい言葉に、達成感と同時に誰かに喜んでもらえる幸せを感じた生徒が多かった。

　お弁当に限らず、授業で行なう調理実習だけでは、実践力にまで結びつけることはむずかしい。一回限定の調理実習で終わりがちである。しかも調理実習はグループでの実習のため分業になるので、全員がすべての作業をしているわけではない。そこでどうにか一人ですべてを作りきる実践をさせたいと思い、弁当を家庭で作ってくるという課題を出してきた。家族の協力のおかげで多くの生徒は、未熟ながらも大奮闘し調理することで、技能や知識を身につけるだけでなく、わが家風なアレンジを教わることもできた。また、未熟な腕しかないわが子が手作りにこだわった調理をするのを見て反省する保護者もいて、よい啓蒙活動となった。

しかし、最もそれが必要な二〜三割の生徒は、家族の協力が得られないままであった。しかもこの課題を出すときは、正直なところ保護者からの苦情を覚悟していた。私がその学校で長年勤務し、学級担任を何度もしてきていたので地域の方との接触も多く、話せばきっとわかってもらえる自信があったからこそ出せた課題である。新しい勤務地でまだ地域の実態がよくわからない学校で、同様の課題を出すことは大変な勇気がいるところである。ところが国分寺中学校の「弁当の日」は、真っ向から全校生徒対象に行なえるのである。うれしかった。今までの家庭科の授業での経験が生かせ、さらに全職員もバックアップしてくれるのであるから、こんなに恵まれた家庭科教師はいない。そんな思いであった。

一年生　「今が旬、これぞ秋弁当」

一年生は、全員のスタートラインが同じである。昨年度眞邉先生と三宅栄養士さんが実践された学習の流れにしたがって実施した。まず、栄養士さんに授業に入っていただき、献立のたて方、お弁当作りの基本的なこつを学習した。三宅さんが、その専門性を発揮しながら給食を例に挙げ、栄養的なこと、食品の安全性や衛生面に関することのほかに、短時間で作るこつや詰め方のこつなど具体的に話してくださった。このお話のなかで、なるほどと思ったことがいくつかある。

ひとつめは、「たくさんの色を使うこと」という表現である。栄養に関する知識が十分にない生徒には、具体的でわかりやすいアドバイスである。赤・黄・緑・白・茶そして黒。不足しがちな海草類や野菜、いも類が自然ととれてくる。

ふたつめは、なべやフライパン、オーブンやグリルなどいろんな調理器具があるから、いろんなものを使いなさいというアドバイスである。これは同時にいくつかの仕事を並行して時間短縮になるし、揚げる、焼くなどの油を使った料理に偏らず、煮る、ゆでるなどの調理法を促すこと、野菜などの調理を促すことにもつながった。

この後、一人ひとりがメニューを考えた。一〇月には七学級二五〇人あまりの一年生の全員が、初めての「弁当の日」を経験する。食生活への関心を深めさせたいという願いから、多くの時間を要すること覚悟で一対一の個別指導を重視した。

アイデアスケッチとして、実物大の絵でメニューを考えた生徒が私のところへやってくる。「旬の食品は?」「このきんぴらごぼうは、なにが入っているの。どうやって作るの?」等々生徒の反応を見ながら、生徒の調理経験や家庭の状況を探りながらのアドバイスである。このときのチェックポイントは、次の五点にしぼっていった。

①入手できる食材であり、その食材にふさわしい調理法か。旬の食材が使われているか。旬の食材は果物のみにならないように。

②調理時間（下ごしらえをどこまでするのか）。

③調理技術にあった調理法、品数か。

④栄養のバランス（食品群別摂取量の学習前なので、たくさんの色を入れようと呼びかける）。

⑤加工食品に頼りすぎていないか。

この活動のとき、役に立ったのが『そのまんまお弁当料理カード』（群羊社）である。実物の弁当箱サイズに料理の写真入りカードを組み合わせる。カードの裏には弁当に適した一人前の材料分量と簡単な作り方が記載されている。適量や彩りを視覚でとらえさせることができ、調理経験の少ない生徒に大変に効果的な資料であった。さらに、このときに養護教諭から連絡を受けていた血液検査で問題のあった生徒については、それも考慮したアドバイスをするように心がけた。高コレステロール値の男子生徒が初めて持ってきた献立は、すべてが揚げ物、タンパク質に偏った献立であった。ゆでた野菜を入れることをすすめると「きらい、生野菜しか食べん」のひと言が返ってきた。それではいけない、と軽く指導をした後は、養護教諭や栄養士さんによる個別指導にまかせることにした。

栄養士さんの指導の後、生徒が自分で初めて考えた献立を見ていて、気づいたこと。きちんとデータをとったわけではないが、人気のあったメニューは、ミートボール、卵焼き、鶏の唐揚げ、ウインナーソーセージである。この四品のなかった生徒は、数えるほどしかいなかったような気がする。もちろん人気ナンバーワンのミートボールは冷凍やレトルトのものである。そんな生徒の多くは、タンパク質をとりすぎていた。野菜は、ミニトマトとブロッコリーが人気。ほかはレタス、キュウリのサラダが多かった。切るだけの手間がかからない料理がほとんどである。ほうれん草のおひたしをすすめるとかなり増えた。秋が旬の食材を取り入れるために、いもご飯、きのこを入れた炊き込みご飯など、炊き込みご飯にした生徒も多かった。サンマの塩焼きも多かったが、においや弁当箱に詰めにくいことをアドバイスした。調理技術が未熟なため、それ以上の工夫は望めなかった。「弁当の日」の前日、きっと町内のスーパーから、ミニトマトやミートボールが売り切れるかなと思った。しかし、夕方七時に出かけたスーパーには、たくさん仕入れたのか、たまたま特売になっていたのかわからないが、レトルトのミートボールは山と積まれたまま残っていた。ちょっと喜びを感じた瞬間であった。

一年生の「弁当の日」の食事時間の様子は見に行くことはできなかったが、後で見た写真や感想からは、どの生徒もよくがんばっていた。もちろん大きくメニューの変更をした生徒も多かったが、その臨機応変さも生きていくうえで大切だなと思ってみていた。どの弁当も「これぞ秋」というお弁当であった。

三年生「〇〇に食べてもらいたいお弁当」

三年生のテーマは「〇〇に食べてもらいたいお弁当」。弁当の日の最終段階であり、「もてなす」弁当である。昨年から始まった「弁当の日」であるが、三年生の三割の生徒は、初めての挑戦である。だがそれで最終段階になり、中学校生活唯一の「弁当の日」になるわけである。全校をあげてバックアップしてくれるからこそ、今までのように達成できない二〜三割の生徒を作ってはいけない。一〇〇パーセントを目ざさなくてはいけないことと、三年生では一度だけの「弁当の日」実施で、自立への最終段階にふさわしい意欲に高めることが、新たな課題となった。

まず、「〇〇に」を誰にするかを悩んだ。家庭科の授業ともリンクしたいという思いもあった。三年家庭科では「私たちの成長と家族」という題材で、自分の幼児期をふり返り、幼児への関心を高めるとともに、自分の成長や生活は家族やそれにかわる人々に支えられてきたことに気づかせていく題材である。そこで対象を、「自分の成長を支えてくれた人」と設定した。家族とは限定しないで個人の思いを重視したいが、できれば実際に食べていただけて、感想を返してくれる相手を選ぶように助言した。素直に身近な人への感謝などできない反抗期の真最中の生徒の心のなかに、少

思い通りにできたかチェック

しでも芽生えた感謝をかたちにするものとして、弁当作りを考えたのである。

生徒は二個以上の弁当を作ることになる。自分のためのものと作ってあげたい相手のためのものである。今までの経験から、誰かのためを思って作ったものは、その人が「おいしかったよ」「ありがとう」という気持ちを伝えることが、もっとも達成感をもたせることができるという確信があった。また、一個の弁当が二～三個に増えても、調理にかかる手間や時間はそれほど変わらない。

生徒が選んだ相手は、九割以上が家族である。最も多かったのが母親、ついで父親である。きょうだいや祖父母も多くの生徒が選んだ。両親や家族みんなでという生徒もいた。作る相手は、ほとんどが成人である。自分が食べたい弁当とは、明らかに違った弁当になってくる。相手が、健康や食生活に関して、日ごろから気をつけていることを思い描き、健康によい生活習慣病予防を意識したメニューや、職業や生活スタイルに合わせ工夫したメニューを期待したが、少し要求が高すぎたようである。

一年生と同じように個別にアドバイスをしていく方式を取り入れたが、最初に持ってきたメニューの多くは、揚げ物、炒め物が多く、野菜不足、さらに加工食品たっぷりの、生活習慣病予防とはほど遠いメニューであった。知識として理解はしていても、実際に作って食べるとなるとこんなふうになってしまう。なぜだろう。生徒との会話のなかでわかったのは、やはり自分も食べることになるから自分の好みを重視していたため。また郷土食や和風の料理を作る技能が不足して、わかっていても作れないため。さらに、「だって豚カツはお父さん大好きやから」というように、相手の好きなメニューと体によいメニューとのずれも大きな要因であった。

そのほかにもいくつかの問題もうまれてきた。そのひとつが、一〇〇パーセントを目ざすことである。生徒の家庭の状況は実にさまざまであり、すべての生徒やその保護者が協力的であるとは言えない。とくに三年生の秋は受験への突入の時期である。「弁当の日」のねらいや価値もわかってはいても、受験勉強を優先したい生徒や保護者もいる。意欲的に取り組まない生徒に声をかけ話していくと、「弁当作ったら成績があがるんか、高校受かるんか。兄ちゃんの弁当もいるから、絶対お母さんが作るし、おれや邪魔になるって言われた」と言った男子生徒もいた。「じゃあ、お兄ちゃんの弁当も作ったらいいのに」と言ったが、聞く耳はないように見えた。「弁当の日」当日、彼は「自分で作った」と言って弁当を持ってきた。

「校長先生の意図はよくわかり賛成なのですが、それぞれの家庭にはいろんな事情があるので、旬の弁当とかといろいろ注文をつけられるのは困ります」と言われた保護者もいた。そんなときに、校長先生が全校集会で生徒全員にこんな話をされた。「それぞれの家庭には、いろいろな事情があり、先生方はどうしても助けてあげられないこともある。そんなときは、知恵を使いなさい。知恵を使えばたいていの問題は解決できる」という内容であった。その保護者に校長先生の話を伝えると、「そうですね。ジャガイモ一個でもいくつも料理はできる。それが一番大事なことだと思います」と納得していただけた。その生徒のお弁当に入っていたのは、カレー味の肉じゃが。お弁当を写真撮影しながら、カメラのレンズ越しにみた肉じゃがは、とても誇らしげにお弁当箱のなかで輝いていた。

一〇〇パーセントを目ざした三年生の弁当作りだったが、二名の生徒が当日忘れていた。週末に準備ができるようにという思いから、「弁当の日」は月曜日に設定している。そのため、二日間の休みで忘れてしまったようである。結局、担任の先生の作ってくれたお弁当をお裾分けしてもらったようである。

食べてもらった相手の方には、簡単なコメントを添えて渡し、そのお返事をもらった。九割以上の生徒が、そのコメントを提出してくれた。その返事を読んで、誰かに喜んでもらえた喜びを感じたようである。

一言感想で一番多かったのが、一人でやり遂げることができたこと、おいしく作れたことへの満足感を表現した生徒、その一〇パーセントが、家族に喜んでもらえたことに関する喜びを表現している生徒である。こうしたらよかったという反省点やむずかしかったとか大変だったという感想を書いた生徒は、二五パーセントいた。そのなかでも朝早く起きることがつらいという感想が半数を占めていた。しかし、そこからふだん食事を作っている人への感謝の気持ちを感じている生徒も多かった。「楽しかった」と一番に書いている生徒もいた。

三年生にとって多い生徒で四回、少ない生徒はたった一回の「弁当の日」の経験で、はたして「自立」と言えるところまでに育てられたかと考えれば、悔いは残っている。ただ、一握りの生徒かもしれないが、「弁当の日」によって、家族に支えられている自分の存在や自分自身の成長を感じ取ることのできた生徒がいたことは間違いない。また、ほとんどの生徒が「食」が自分にとって大切なものであり、自分できちんと管理できるようになること、つまり食における自立の必要性を感じるようになったことまでは成果と言えると思う。

子どもを
台所に立たせよう
——子育てと食育

「食育」という言葉を新聞やテレビで見かけることが多くなってきました。「食育基本法」の成立や、政府が「食生活指針」の広報活動を活発にしていることが大きな要因だと思っています。文部科学省、農林水産省、厚生労働省は、それぞれの目的達成のために「食育」に意欲的です。それでは、食育とは一体どんなことなのでしょうか。ここでは子育てとの関連で大切なことを考えてみます。

私の考える食育

五年前に滝宮小学校で「弁当の日」を始めて以来ずっと、私は世間に流布する「食育」とは距離を置いた講演・執筆活動をしてきました。前作の『〝弁当の日〟がやってきた』でも、あとがきの最後のページで一度「〝食育〟と呼べる実践でしょう」と記したのみで、本文中にはあえて一度も「食育」という言葉を使用しませんでした。

今、「知育・徳育・体育に並ぶ四つ目の（あるいは三つの基礎を成す）食育」といった表現がなされています。この「育」の文字が、現在は一般的に〝大人が子どもに知・徳・体を一方的に教え込む〟の意味合いで解釈されやすいことを懸念しています。

つい先日、名古屋市で開催された「ごはんで給食フォーラム」に集まった二五〇人に、「食育」から連想される事柄を次のうちからひとつだけお選びくださいというアンケートがあり、その結果は、次のとおりでした。

栄養バランスの良い食事……………51％
一日三食しっかりとる………………17％
日本の食文化（農業）を知る………16％

一家団欒の食事……………………12％
料理ができる力を養う……………4％
食事のマナーを身につける…………0％

東京都・神奈川県でも、ほぼ同じ結果が出ました。これは「食育」という言葉がすでに「栄養のバランス」という知識先行のイメージを強く持っていることを示しています。私も栄養に関する知識の重要さを痛感していますから、否定するつもりは全くありません。ただ「食育」を知識先行の言葉に誤解してほしくないと考えています。

食事は五感（味覚・視覚・嗅覚・触覚・聴覚）をフル回転させて楽しむものです。栄養のバランスがとれた料理が五感を楽しませてくれるのではなく、五感を楽しませてくれる料理は自然と栄養のバランスがとれたものなのです。栄養学という学問も知識もなかった時代に、世界中のそれぞれの地域で、地域の食材を生かしたすばらしい食文化が育ったのも、五感優先でバランスをとることができていたということです。

しかし、現代の日本は歴史上経験のない飽食社会になっています。飢餓から生命を守るために作り上げられた消化・吸収・蓄積の機能が、皮肉にも生活習慣病の原因になり生命を脅かしています。「ほしいものをほしいときにほしいだけ食べる」ことがいかに健康を害するかを理解し、五感よりも、意思で制御しなくてはならなくなりました。この状況において、栄養学の発展・進化は現代の

五色台集団宿泊学習で食事の配膳

食生活改善にとても大きな貢献をしています。だから「食育」＝「栄養バランス」の連想になるわけです。

けれども教育は、子どもの内からの〝育ち〟と、外からの〝育て〟の相互作用のバランスのもとに成されるべきです。食卓で言えば「楽しい」「おいしい」「感謝の気持ち」は〝育ち〟の要素です。「塩○グラム」「食物繊維○グラム」「○○カロリー」「血液によい」「骨が丈夫になる」といった知識は〝育て〟の要素です。私は〝育ち〟が軽視される方向に「食育」が流布することを懸念しているのです。このバランスを無視したものがたとえば「知育偏重」という実態です。学校現場では、必死になって徳育も体育も大切にしていますが、残念ながら「知育優先の学びの場」と理解（期待）されている傾向にあります。その背景に、偏差値先行の高校・大学入試制度などがあげられていますが、ここでは、その議論を目的としていません。

私たちは、「弁当作れば、高校受かるんか！」と叫ぶ生徒、「親に手料理を食べさせてもらったことがない」と言う生徒、「買出しに行くお金がない」と言う生徒、「台所に包丁・まな板がない」と言う生徒たちもいるなかで「弁当の日」に取り組んできました。「家庭を築き、家族を支え、社会に尽くし、豊かに生きる生徒たちの生涯に役に立つなにかを、中学校の三年間で与えたい」という強い願いを持って、ときには生徒を怒鳴りちらし、ときにはとことん生徒の言い分を聞き、思春期という〝嵐〟のなかにいる生徒と取り組んでいます。

生活習慣病、摂食障害、キレる若者、食生活指針、栄養のバランス、食糧の自給率、地産地消、食の安全・安心、狂牛病、鳥インフルエンザ、残留農薬、貿易摩擦、農業政策、エネルギー・環境問題……。現代の日本社会は、国民の日常の食生活に関わることだけでも、多くの大きな課題に直面しています。

けれども私は、全国レベルの課題を背負った食育よりも、「生徒が知らず知らずのうちに家族との絆を深める日常の一日」を目ざしているのです。「弁当の日」が自然に作り出す〝くらしの時間〟（家族の時間）がその役割をはたしてくれると思っているのです。そして生徒たちの日常生活のなかに、「あなたの存在を肯定的にみる家族」「家族と手をつなぐ教師集団」「それを支える地域社会」があることを、すべての生徒たちに気づかせようとしているのです。

働く親を見て育つ子ども

「子どもは親の言うとおりに育つのではなく、するとおりに育つ」と言います。「子どもは親の背中を見て育つ」とも言います。戦前の日本は人口の七〇パーセントが農村部に住んでいました。都市部も含めて、親が家族のために働いている姿を直接目にする機会のある子どもたちはどんなに多かったことでしょう。親が働いてくれているから家族が食べることができ、着る物が買え、ふとんで寝ることができることは、言葉で教えられることではなくて、見て気づくことだったのです。つまり、かつては子どもたちが親の「仕事の時間」を直接、目にすることができていたのです。

現在は人口の八〇パーセント以上が都市部に住んでいます。産業構造も大きく変化し、農村部でも両親がどんな仕事をしているかを見たことがない子どもたちが大勢いるのです。戦後の高度経済成長期や近年の男女共同参画社会が進むにしたがって、母親が辛うじて支えていた「くらしの時間」も急速に減少していきました。家電製品の充実がさらに拍車をかけました。洗濯機、冷蔵庫、掃除機などの普及や機能向上が「くらしの時間」の効率化を実現したのです。両親は会社で家族のために働いていますが、子どもにはそれが見えません。家事の効率化は、両親が労働で手にした給料で買った家電製品のおかげですが、やっぱり親の苦労は見えにくいのです。しかも娯楽用のテレビ、オーディオ、ゲーム機などがいきわたり、家庭の内外で趣味や娯楽に時間を使える余裕が親にもできてきました。しかもこの場面を子どもに見られることが多いのです。

大人たちの努力で日本社会全体が物質的に豊かになり、それが「早く大人になりたい」「一人前になりたい」「自立したい」という思いを子どもに湧かせる「家族のために懸命に働く親の姿」を見えにくくしたのは、皮肉としか言いようがありません。

「くらしの時間」とは、家族が家族のために働いているのを家庭のなかで目の当たりにすることができる時間です。親は、わが子に喜んでほしくって食事の準備をします。子どもは食卓に並んだ料理に親の「顔」を見ます。デパ地下の惣菜には決して見えない、親の「顔」を見ます。私はこれを「顔」の見える食事と言います。

一年で一〇〇〇回を越える食事をくり返している子どもたちは、どれくらい親の「顔」のある食事をしていることでしょう。コンビニやスーパーで買ってきた弁当を食べる「中食」には、親の「顔」はついていません。ファミリーレストランなどでの「外食」も同じです。

ちょっと余談ですが、学校給食は年間で一八〇から一九〇回です。学校はこれを「栄養士や調理員の顔」が見えるようにする努力や工夫が大切です。

家族団欒の食事

協力して作った夕食を、ひとつの食卓を囲んでみんなでそろって食べる団欒ほど、大きな教育力を持つ時間を私は知りません。祖父母が一緒であればもっとよいでしょう。

ご飯やおかずを食器によそい運ぶ順番で、親が祖父母を大切にする心と方法を子どもたちに見せて教えることができます。子どもは「お父さんがおじいちゃんを大切にしているから、僕がお父さんを大切にする」ようになります。

「いただきます」「ごちそうさま」で食卓に並んだ食べ物（命）と、料理を作った人たちへの感謝の気持ちとその表現の仕方を学びます。「おじいちゃんが作った野菜は新鮮で甘いね」「お母さんが作ったトンカツは絶品だね」「やっぱり秋刀魚は旬がいいね」といった会話が、家族の絆をさらに深くします。

子どもたちの学校での出来事や、お母さんの職場であったことや、おばあちゃんの茶飲み友だちのことや、日本の政治・経済の事件が話題になることは、家族ぐるみで社会を見つめる力を育てていることになります。そして家族を大切に思う心が育つのです。

たくさんのたあいもない話の時間の積み重ねが、子どもが悩みを打ち明けられる家族関係の基礎作りなのです。

食事の準備も片付けも、家族が協力すると早くできます。自然と会話も弾みます。準備をしながら、ほかの家族の仕事に感謝する気持ちが湧きます。自分が感謝されていることに気づきます。それは自分の存在価値を感じる時間です。家族の一員であることを体で学ぶ時間です。

家族団欒の時間に子どもに最も大きな影響力を持つのは、家族の仲のよさです。父母、祖父母と父母の関係に気まずい思いがあれば楽しい団欒にはなりません。たとえば嫁姑の対立や父母間のケンカは、「子どもたちも、このような家庭を築きなさい」という教育なのです。父母がお互いに憎しみあい、なじりあっているとき、子どもは居ても立ってもいられなくなります。自分はこの二人から生まれてきたのかと思うと、消えてしまいたくなるのです。そのケンカの原因が、浮気だったり、自分の成績だったり……。これでは食卓がまさに修羅場になってしまいます。

家族団欒の夕食は表面的に、家族がそろっていればいいということでは決してありません。家族が感謝の気持ちを持って日々を生きていること、向上心をもって学び続けていること、お互いを尊敬し大切に思っていることが根底になくてはならないのです。

私が前作『〝弁当の日〟がやってきた』で示した「〝弁当の日〟に託した六つの夢」の第一番目に「〝一家団欒の食事〟が当たり前になる夢」を上げた気持ちは、中学校長になっても同じです。

ほら、自慢の弁当だよ

「空腹感」が最高の調味料

日本が物質的に豊かな社会になったがために、子どもたちは心地よい空腹感を経験することが少なくなりました。おなかが空いているのに食べるものがないという時間は、ふつうの食事をご馳走に変えてしまう最高の調味料なのです。この調味料は、親たちが「さっさと食べなさい」とか「残さないで」とくり返して言う必要もなくしてしまうのです。

ところがほとんどの家庭に、子どもが食べるお菓子や飲み物はいつもある状態になりました。しかも、この間食による糖分・脂肪のとり過ぎは生活習慣病の原因となって、深刻な状況にあります。家のなかに食べ物がなくても、コンビニやファーストフード店に行けば、いつでもほしいだけ食べられるのです。特別におなかが空いていなくても退屈まぎれにお菓子を食べながらゲームをしたり、ジュースを飲みながらコミックを読んだりしている子も多いのです。そのために必要な現金を常に持っている子どももめずらしくありません。塾やお稽古ごとで、夕食までのつなぎの軽い食事をとることが習慣化している子どもも多いようです。夜更かしや夜食、睡眠不足が朝食を食べられなくしています。

朝食を食べている子どもたちの実態にも問題があります。それは空腹感がないのにとる朝食です。胃腸が食事に対しての準備が整うのに、目覚めてから三〇分かかるのです。まだねぼけ眼の子どもがテレビを見ている間に、親が口のなかに食べ物を押し込んでやる家庭も少なくないようです。人間は胃袋よりも脳で食事をしているようなのです。五感をフル回転して食べることを楽しむことができる生き物です。このような朝食では、脳はテレビに集中していて、五感も機能していないはず。早寝早起きができていないので、家を出るまでの時間がなさすぎるのです。とりあえずバナナだけ、菓子パンだけ、ジュースだけといった一品だけの朝食の子どもが多いのですが、これも、体の空腹感が生まれる前に胃袋に押し込んでいるケースです。

このような、余裕のない食事がくり返されると、食事を楽しむ気持ちや食事を大切にする心が育ちません。小・中学生は学校給食があるので、かろうじて崩壊を免れているのですが、多くの高校生・大学生の食生活は崩壊してしまっているのです。高校・大学と成長に従って、食事についての個人の自由裁量の度合いが増えると食生活が崩壊するということは、食生活の基礎ができていないということです。

ここ数百万年間、地球上に生まれた人類は病気に負けない免疫力と飢餓に備える機能を獲得しながら進化してきました。たとえば健康を害した人を故意に断食で飢餓状態にし、弱ったり眠ったりしている体の機能を呼び覚ます療法があります。つまり充たされた生活を送っているときには眠っている機能が、危機的状況を乗り越えようとしてフル回転を始めるのです。つまり「生きる力」がみなぎってくるわけです。

毎食前に、子どもが「心地よい体の空腹感」を持つことは、毎回「生きる力」をよみがえらせる軽い断食をしていることになるわけです。こんなにいい健康法はありません。大人たちはもっと意識して、子どもたちの日常生活から「だらしなく充たされる胃袋」を排除し、「心地よい体の空腹感」がリズミカルにやってくる環境作りをする必要があります。それが、子どもたちの一生の基礎作りになるのですから。

心配な「心の空腹感」

でも、現代の子どもたちの食環境を見るとき、もっと心配なのは子どもの「心の空腹感」に大人たちが気づいていないことです。

「食べ物は体を作る　食べ方は心を作る」という言葉の前半は「体の空腹感」、後半は「心の空腹感」を表現しています。これは「食べ物がなければ胃袋は満たされない。そして心が満たされる食べ方をしなければ心は育たない」という意味です。

現代のほとんどの親たちは（わが子にひもじい思いはさせていない）と考えていることでしょう。つまり「体の空腹感」は満たしてやっているということです。それに空腹感を心と体の二つに分類していないし、親が一生懸命に働いて得たお金で子どもたちの胃袋を満たしているのですから、親はわが子への愛情を伝えているつもりです。

こんなに食べ物が豊かな時代は日本の歴史上に一度もありませんでした。この豊かな社会は大人たちの努力の賜物なのです。つい数十年前まで、（わが子に、好きなものを毎日腹いっぱい食べさせてやりたい）というのは、親たちの悲願であったといっても過言ではないのです。わが子の胃袋を満たすために「お母さんはおなかが空いていないから」とか「さっき食べているから」というウソを言って、自分のおかずやお菓子や果物を子どもに食べさせた親は日本国中の多くの家庭でふつうに見られました。

つまり「体の空腹感」を満たすことに奔走していた時代でした。「心の胃袋」なんて発想はなかったのです。ところが、今の子どもたちにとって深刻な問題は「心の空腹感」なのです。小さい子どもはこのことを言動で表現するころがありますが、少年期・思春期には、背伸びをして、要求もしなくなります。

小さい子どもで例をあげると、幼稚園児の話があります。

月に一度の「お母さんの愛情弁当の日」に、仕事で忙しいお母さんがデパートの地下で買ってきた弁当を弁当袋に入れて渡すと、その女の子が「これはお母さんの弁当じゃない」と言って受け取ろうとしませんでした。困ったお母さんは娘さんの弁当箱に、そっくりそのまま移し替えました。そしたら、娘さんは「やったー、お母さんの弁当だ。お母さんの弁当だ」と言いながら、弁当箱を持って台所をグルグルと走り回ったというのです。

「デパ地下の弁当」は、お母さんが「手間」をかけることで「お母さんの弁当」に変わりました。「手間」とはお母さんの技術と時間です。時間＝命であり、惣菜を移し替えるとき、お母さんは子どもがおいしく食べられるように、技と命を弁当箱に注いだことになるのです。中身は全く同じなのに移し替えただけ大喜びをした、というのは「心の空腹感」を満たしたかったということなのでしょう。

私が滝宮小学校での講演でこの話をしたら、後日、次のような感想が届きました。

「私の子どもたちは〝お母さんの卵焼きが一番〟といつも言ってくれます。先日の運動会ではじめて弁当に冷凍食品の卵焼きを使ってみました。祖父母には〝柔らかくてダシがきいておいしい〟

と好評だったのですが、卵焼きの大好きな娘は見た目で手を出さず、息子も一切れ食べて無言でした。家へ帰って二人が口をそろえて〝次の弁当のときは必ずお母さんの卵焼きを入れてよ！〟と言いました。料理に自信があるほうではないのですが、私の作るギョーザと卵焼きは子どもたちにとって母の味なのだと知らされました。これからは忙しくても手間をかけて作ってあげようと改めて思いました」

高校生になると、親に手作り弁当を作ってほしくても、友だちから（親に甘えている。まだ自立していない）と思われるのを嫌って「みんなと学生食堂で食べたほうが楽しいから」とか「コンビニ弁当を食べたいから」と言う生徒が多くなります。（本当はお母さんに作ってほしいけれど、早起きする親がかわいそうだから）とは言いません。ほとんどの生徒が親をかばうのです。親が作ってくれないのではなく、自分が断っているから手作り弁当は持ってこないということにするのです。家族のために必死に働いている親を十分に知っている生徒であれば、自分も親をかばうことで親の役に立とうとします。

けれども、ふだんの食事もまともに準備しないで、常日ごろからよく遊んでいる親に不満を持っている生徒は、（たまにはまともな弁当でも作ってくれないか）と思っています。それでも、口に出して親に要求するケースはほとんどありません。子どもたちの「心の空腹感」に親たちは気がついてほしいものです。平素の生活で「心の空腹感」を満たしてやることも、一〇歳ごろまでがとても大切だと思っています。

非行少年が、母親の手作り弁当で非行グループから抜け出したという話があります。昼ごはん時に、毎日のようにドラッグストアにお菓子を買いに来る女子高校生に店員が声をかけたら、「そんなもん、誰が作ってくれるというんじゃー」と怒られたという話があります。少年院では、味噌汁を食べながら「こんなおいしい味噌汁、親が作ってくれたことは一度もなかった」と泣く少年が多いと聞きました。

子どもは、親が手間（技と命）をかけた食事をし、食材の命で「体の空腹感」を満たし、親の命で「心の空腹感」を満たそうとするのです。

「顔の見える食事」が子どもを育てる

料理とは、食材に手を加えて、より多くの五感の楽しみを食事に盛り込んだ、人間独自の文化です。そして、一人住まいの自炊生活でない限り、料理とは「食べてくれる人のために作る」という社会的行為なのです。その出発点が家庭です。

多くの動物たちのなかで、人間だけが食べ物を料理します。ほかの動物たちは自然にある植物や昆虫・動物をそのまま摂取します。サケは卵から孵化して数日は卵黄で過ごし、その後は自分で捕

６年目を迎えた滝宮小の「弁当の日」

食を始めます。このときに親のサケはもう死んでいます。ツバメは孵化した後、巣立ちまでは親が運んでくる虫を食べ、その後は野山の虫を自分で捕食します。クマもサルも同じです。親が子どもに与える食べ物も与え方も、先天的にプログラムされているのです。

けれども人間は群れ社会を築き、食べることを文化にまで発展させました。その文化は群れ社会のなかで発展・継承されていきました。幅広い世代で構成された群れ社会は、世代間の文化の継承が容易に自然にできました。そのひとつが料理なのです。

野山の木の実は、食べる人がいなくても実りますが、料理は食べる人のために作られるものです。作る人がいなければ料理は存在しません。料理に用いられる技術や費やされる時間を「手間」といいます。平素の食事に、人間だけが「手間」をかけているのです。この「手間」のなかに、「心の空腹感」を満たす、「家族の顔」が刷り込まれていくのです。

コンビニ弁当やデパ地下の惣菜は、買ってくれるかもしれない誰かのために作られています。買われなければ廃棄してしまいます。作る人は、美味しそうに食べるであろう人の顔を思い浮かべながら働いていることでしょう。買った人は作った人の努力を、味や値段に感じて食べることができるでしょう。それでも、作った人と食べる人とは顔を知らない他人の関係です。作った人はいるけれど、「顔」の見えない料理なのです。

日本の子どもたちは、「家族の顔」が見えない食事を、どれくらいしていると思いますか。長期的に全国規模で行なった調査はないでしょうが、割合は増加の一途をたどっていることでしょう。高級料理店やファミリーレストランなどの、外食産業界の成長ぶりだけでなく、できあがった料理を買い求めて自宅で食べる「中食」や、電子レンジでチンするだけの調理ずみ冷凍食品も種類が豊富になり生産量も増えています。

ある雑誌に、うまくローテーションを組んでバランスのいい外食を日常的にくり返してきた多忙な夫婦の子どもが、たまの休日に張り切って手料理を作っている母親に対して「なんで外へ食べに行かないの」と怒り出す話が紹介されていました。これは「心の空腹感」の自覚症状がない子どもの話なのです。こんな子どもたちは献立を考えたり、食材を選びながら買い求めたり、調理をしたり、片付けたりする時間は、苦痛ばかりで自分には意味のないものだと感じる大人に成長していくのでしょう。

学校給食でさえ、食材の生産者や栄養士・調理員の顔が見える工夫をすれば、子どもたちの好き嫌いが減り、残菜が減り、お互いの会話が増えるのです。会話が増えることは心が交流することであり、「心の空腹感」が満たされていくことなのです。

幼い子には「選択」は禁物

夕食の準備にかかるために「なにが食べたい？」と幼い子どもに問いかけることは、幼児教育の視点からふたつの望ましくない要素を含んでいます。

ひとつは、選択肢の多くない幼い子どもに選ばせることの配慮のなさです。子どもが食べたがるものを準備することは愛情の証だと思う人が多いようですが、全く逆です。旬の食材の知識がなく、冷蔵庫にある食材の情報もなく、郷土料理や季節ごとの料理も知らず、料理ができるまでの費用や時間のこともわからない幼い子どもに、「なにが食べたい？」と聞いてはいけません。子どもが「カレー」と答えても、少ない経験のなかから思いついた好きな料理を選んだだけで、本当に豊かな食生活を楽しむ基礎を築いていくことにはなりません。

もうひとつは、せめて一〇歳ごろまでは、旬の食材を使った季節感あふれる多様な料理を、親が主導権を持って子どもに提供することで豊かな食生活の基礎を作ってほしいのです。「春の元気がつまったワラビだよ」「柔らかくて甘いキャベツをお隣からいただいたよ」「プチプチのとれたてトウモロコシがゆであがったよ」と、旬のものを食べられる幸せや微妙な味覚を味わう楽しさを、子どもに言葉と表情で教えながら食事をしてほしいのです。そして大人たちが「お母さんは料理が上手だね」「お父さんが焼いてくれたサンマがおいしいね」と言葉を交わせば、楽しい食卓の囲み方を子どもは身につけていくのです。そして子どもの心のなかに幸福感が満ちていき、情緒が安定してくるのです。

この思いは、「子どもが食べたがったカレーを作ってあげた」ときにもあると考える人があるでしょうが、根本的に大きく違うのです。

それはひとつに、七歳ごろまでは、自分の生育環境のすべてを無条件で受け入れ、まねることで人間社会に適応する基礎を作っている時期であること、ふたつに一四歳ごろまでは信頼できる人の提供してくれるものを素直に受け入れる時期であることです。大人がよい環境を与えてやれば、そのまま受け入れて自然とよい基礎作りができていく時期なのです。わざわざ子どもに自由に選択させる場面を作ることは、運転免許を持たない小学生に、高速道路で自動車の運転をさせるようなものなのです。

「子どもに自主性を持たせる」とか「主体性を育てる」とか耳当たりのいい言葉が教育界を横行していますが、子どもに任せる内容と発達段階というものを勘違いしているケースが多すぎるのです。まだまだ「知」と「情」の基礎を形成している時期に、わざわざ次の段階の「意」を与えているのです。「意」は一〇歳以降でもいいのです。

おばあちゃんが作った料理をほとんど食べない幼い子どものために、お母さんがスパゲッティやカレーやハンバーグを毎晩作ってやらなくてはならない家族のことがテレビで放送されていました。母親は疲れていても「わが子のために尽くした」満足感があるかもしれませんが、「自分のほしいものしか食べない習慣」はますます修復がきかなくなるばかりです。七歳ころまでなら、はじめて出会った不快な苦味、辛味、渋味も「おいしいね」と言う大人たちに合わせて食べていくものなのです。「高次の味覚は三歳から九歳に形成される」と最近の研究でわかったそうです。とくにこの時期は親が主導権を持って、豊かな味覚を経験させたいものです。

このような、おばあちゃんの料理を孫が食べないケースは（ほんとは、おばあちゃんが作った料理なんか私も食べたくないのよ）というお母さんの本音の代弁者として、子どもが無意識のうちにわがままを言っていることがあります。しっくりしない食卓は、それなりの背景を持っているものです。「父がうなぎ丼、母が八宝菜、姉がハンバーグ、僕がラーメン」。家族がそれぞれに好きなものを食べるという「バラバラ食」のくり返しが家族もバラバラにして、ただの「同居人」に変えていくのです。そうするうちに子どもの心に、「外泊も援助交際も同居人には相談する必要もない」という感覚が知らないうちに育っていきます。

はじめに〝食材〟ありき

料理の基本はこの言葉にあります。どんなに優れた料理人がおいしそうな献立を考えても、食材がなければ料理を作ることができません。

元々は生き物ですから、四季のサイクルにあわせて生育する野菜・果物には「旬」、数年の命である鳥・魚・牛なども（脂がのっていて）（若くて）（柔らかくて）というように季節や生育段階に「食べごろ」というものがあります。わらび・たけのこ・鰆は春、きゅうり・スイカ・ウナギは夏、きのこ・秋ナス・サンマは秋、大根・かぼちゃ・ブリは冬といった具合です。でも栽培・加工・冷凍・保存・輸送技術の進歩で、真冬のトマト、真夏の冷凍ミカンもふつうに食べられるようになりました。つまり旬に関係なく、「いつでも、食べたいものが、食べられる」状態になったのです。これは「はじめに〝献立〟ありき」なのです。このような食材の豊かさは、旬の食材の料理が並ぶ食卓で食事をし、子育てを楽しむことをむずかしくしました。

私たちの（団塊）世代は、旬の食材が中心の〝日替わり定食〟であった家庭料理を、毎日のように食べてきたのです。はち切れそうになった畑のトマトを井戸で冷やしてかぶりつくのは夏の楽しみで、冬には叶わないことでした。自家製の温かい甘酒を飲みながら、火鉢で焼いたカキ餅を食べるのは冬の楽しみでした。食べたくても、その季節が巡ってくるまで、待つしかなかったのです。カレーやハンバーグ、ラーメン、唐揚げなど、季節感のあまりないものが子どもに人気の料理になっています。それは季節に関係なく食材が手に入るという背景があるからです。

料理好きの人は、はじめに献立があるのではなく、食材をみて献立をたてるといいます。スーパーや市場の食材をながめているうちに、食べたい料理が次々と浮かんでくるのです。その想像そのものも人生の楽しみになっているのです。家族や知人に喜んでもらいたいと思いながら食材をながめることが幸せな時間なのです。こんな時間を「豊かな時間」だと、私は思っています。

そして子どもには、家族に喜んでもらいたくて作った家庭料理はすべて「おいしい」と言って食べる習慣を小さいうちにしっかりつけておくことです。七歳ごろまで意識して育てれば必ずできることです。この時期は家族がするように子どもが育つのですから、子どもの前で大人たちが「楽しい」「おいしい」「感謝の気持ち」につながる会話を毎日すればいいのです。とくに「高次の味覚が三歳から九歳に形成される」のですから、メニュー決定権は料理を作る側の親がもち、旬の食材を使った豊かな食文化を子どもに伝えるべきなのです。

「はじめに〝食材〟ありき」。これは、自分の身近にある良質の食材（命）で、自分なりの豊かな

足なみそろえて

食生活を自由にコーディネートできる人が〝自然の恵み〟を感謝する言葉です。大地（自然）と肉体（人間）はひとつ、という「身土不二」の思想にもつながると、私は思っています。

「冷蔵庫にあるもので作る」「残り物で作る」というのも「はじめに〝食材〟ありき」の料理です。無駄な買い物をしないで、食材を有効に使い切るという考えは食材の命を愛おしんでいるのです。そのためにはそれなりの基礎的技術や工夫が必要になります。中学生ではむずかしいかもしれませんが、「弁当の日」に取り組んだ生徒の親の感想に「一年生のときはすべてメニューが決まっていて、それで買い物をしていましたが、今回は二・三品を決めて、後は家にある材料で付け足していたので、金額的にも安く作れたと思います」というのがありました。体験で（ここはこうしたほうがいいな）と気づいたとすれば、昨日までの自分を越えているのです。それを実践する機会がくり返されるということは成長が続くということです。

「弁当の日」をくり返すことで「はじめに〝食材〟ありき」レベルの生徒が、土・日曜日の夕方には食材を求めてスーパーを歩いたり、畑の野菜を採ったり、台所で夕食の準備をするようになると、「家庭や地域が変わりつつある」と言えるのかなと思います。

バイキング形式より日替わり定食で

ホテルや外食で「食べ放題」という形式があります。たくさんの種類の料理から好きなものを好きなだけ客が取って食べるというもので、均一料金なのでたくさん食べればその分お得な気分になります。支払いを気にせずにいろいろな味をいただく楽しみがありますが、子どもの食習慣を育てていくという観点からは問題を感じます。「たくさん食べなきゃ損」という思いで食事をすることは命あるものをいただくという心を育みにくくしますし、栄養のバランスや適量を学ぶうえでもマイナスです。

私はバイキング形式の対極に「日替わり定食」があると思っています。月曜日はカレーライス、火曜日はラーメン、水曜日はハンバーグ……といった「日替わり定食」ではありません。新鮮で安く手に入った旬の食材を最優先した郷土料理、季節の行事に関連する料理も含めた献立の「日替わり定食」です。主食・主菜・副菜のそろった適量の食事で、これは食べることの大切さや楽しみ方を季節の変化に合わせて学んでいくことができます。食べる質も量も栄養のバランスも値段も十分に配慮されています。働き盛りで運動量の大きい人は二人前食べればいいし、お年寄りや小さな子どもであれば半分にしてもらえばすむことです。食べる作法も、バイキング形式よりは広く学びやすいのです。

家族が作る家庭料理は「日替わり定食」なのです。家族の健康を考え、家計を考慮し、子どもの教育を考えればあれこれと工夫をします。その思いがあって作った料理は「作ってくれたものを、おいしく楽しく残らずいただく」という食習慣を、子どもの身につけていくのです。

実は、学校給食も「日替わり定食」です。献立は一、二か月前にできてしまいますが、専門の栄養士が旬の時期を見通して、栄養のバランス、カロリー、季節感、伝統行事を考えて作ったもので、クラスごとに上手に分け合って食べきることで多くのことを学んでいるのです。

「飽食日本」という言葉が「崩食日本」と書かれるようになりました。バイキング形式が「日替わり定食」形式に変わる視点を持つべきだと思っているのです。

野菜嫌いには「体験」が効果的

「子どもが野菜を食べようとしない」という相談を持ちかけられることがあります。ハンバーグやミートボールやギョーザに入った野菜は食べるけれど、野菜サラダやつけ合せは食べない。ほうれんそう、にんじん、ピーマン、しいたけなどは全く食べようとしないなどです。幼い子どもの一時的な好き嫌いは、日常の食事で身近な大人がいろいろなものをおいしく食べる食卓を囲んでいれば自然と解消されていきます。

昨年、テレビでアイスクリームが主食の三歳くらいの子どもが映っていましたが、母親が用意した夕食を食べようとせず、母親の手を振り切って冷蔵庫のアイスクリームを取り出して食べていました。これまでのこの子の子育て（しつけ）のなかで、アイスクリームはなにかをさせるときの交換条件で多用されてきたのでしょうか。「いい子にしていたら……」「おもちゃを片づけしたら……」「お風呂に入ったら……」。この子は親からアイスクリームを主食にする体にしてもらったことになるのです。

人間は本能的に、甘いものと脂肪の旨さの誘惑に弱くできています。それは餓死から逃れる有効な機能です。反対に酸味や渋味、苦味、えぐみには拒否反応を示すようにできています。腐敗や毒素につながる味覚だからです。摂取しすぎると体調を壊します。酸味などの味覚の食材を食するようになったのは後天的能力なのです。少量なら、むしろ体調を整えてくれる味覚であることを、人類は経験的に学んだのでしょう。

後天的能力ということは教えなければならないのです。これらの味覚を学ぶ機会を与えなければならないのです。現代は肉・魚や甘いお菓子もたっぷりありますから、よく注意して野菜嫌いにならない食卓にしたいものです。

まだ雪が残る春に七草粥や草餅を食べたり、ふきのとうやたらの芽を食べたりするのは、活動期の春に向けて体を目覚めさせる役割をはたします。夏野菜、秋野菜、冬野菜もそれぞれに体を冷やしたり、冬に備えたり、体を温めたりする役割を担っています。旬の食材しか食べなかった時代が、人類の歴史のほとんどを占めています。まさに人体と自然環境は一体であったのです。

科学技術の進歩で、季節の変化に関係なくすべての食材や調味料が自由に手に入るようになっても、人体（肉体）の進化は科学技術の進歩ほど急速ではありません。というよりも、温暖多湿で四季の変化が豊かな自然環境は変わっていないから、日本人の体もほとんど変わっていないと考えるべきなのです。

それなら、季節ごとの旬野菜を使った料理を食べながら「このしいたけの出汁はすごくおいしいね」「新キャベツが甘いね」「おいしい野菜を食べると元気が出たよ」と、大人が子どもに聞こえるように会話すべきなのです。小さいころは周囲の大人がするようにします。「ピーマンも食べなさいよ」と言わずに、お父さんが「このピーマンのかすかな苦味がたまらないね」と言い、お母さんが「夏はこれで元気になれるね」と答えて二人がおいしそうに食べればいいのです。子どもは（この嫌な味が〝苦い〟ということか。この味はおいしい味のひとつなのか。元気になるなら食べなくちゃ）と思って食べるのです。そうやって親のすることをまねて成長していくのです。私たちは三・四歳以前の記憶はほとんど残っていません。六・七歳までなら少しあります。この時期は教えられて身につけているのでなく、まねて身につけているのです。それなら野菜が好きな人の食事を、親が模範として毎日して子どもの前でくり返し見せていればいいのです。

乳幼児期を過ぎてしまった子どもの野菜嫌いを治すには、栽培農家のおじさんや調理場のおばさんと知り合いになることが、効果があるようです。食べる野菜に「顔」が見えるようになるからでしょう。

さらに野菜を子ども自身が栽培するともっと効果があがります。高松市内のある小学生が生活習慣病になる恐れがあると診断されても野菜を食べなかったのに、自分で栽培すると野菜を食べるようになりました。草取りや水やりをしているうちに野菜に愛着が湧き、小さな花からピーマンやきゅうりがだんだん大きくなる様子を見てきた子どもにとっては、食べ残すどころか（ピーマンさん、命をいただきます）という心境になったのでしょう。

平成一八年二月に高松市で「医食農で健康を考えるシンポジウム」が開催されました。そこで、長崎県からみえた吉田俊道さんの講演に興味深い内容がありました。吉田さんは、生ゴミを利用した野菜の無農薬栽培を実践提唱している方です。吉田さんの指導を受けてだいこんを栽培した幼稚園児は、みんな畑で抜いたばかりの生のだいこんにかじりついて「おいしい」と言っています。だいこんに生ゴミパワーや微生物の元気をイメージでき、収穫まで労力（手間＝自分の技術と命）をつぎ込んだという思い入れのある園児には、スーパーに並んでいるものとは違う、自分を元気にしてくれる「元気野菜」なのです。

つまり食べ物の好き嫌いを直すには、食材ができあがるまでや、料理ができあがるまでを体験させることが効果的ということです。子どもはその食材や料理のなかに自分の「顔」と「命」をイメージできるからです。食べ残すことは自分自身を否定することになります。そんなことはしたくないのです。

子どもを台所に立たせよう

「子どもが通っている学校では〝弁当の日〟をしていないのですが、どうしたらいいですか」と質問されることがあります。「弁当の日」がなくても、子どもを台所に立たせればいいのです。これは私の先輩校長が教えてくれた方法です。

小さな子どもは、親の様子を見て台所仕事を手伝いたがる（親と同じことをしたがる）時期があります。そのときに簡単な仕事をさせるのです。先輩校長さん宅では孫に漬物を切らせました。そして孫が切った漬物を皿に盛り、食卓の真ん中に置くのです。

「家族団欒の夕食のとき、孫はこの漬物の皿を食卓の真ん中に置くんや。〝いただきます〟言うて、おじいちゃんの私が一番にこの漬物を一切れ食べるんや。みんなが私に注目しとる。そこで、私が眼を丸くしてこう言うんや。〝うまい。この漬物はうまい。◯◯が切った漬物は、おばあさんが切った漬物よりうまい〟。この言葉に孫はニコニコと有頂天や。体をゆすりながら、おばあちゃんを見とる。〝おばあちゃん、食べて〟と催促しとるわけや。おばあさんも心得たもんや。ちょっと怒ったように〝おじいちゃんは孫に甘すぎるわ。私が切った漬物と味が変わるはずがないやないの〟と言うて、一切れぽんと口に入れるんや。〝ほんまや。この漬物、私が切ったんよりおいしいわ〟とうなずくんや。もう孫は落ち着いて座ってられんで、立ち上がるようにお父さんを見てる」。お父さんもお母さんも同じように感心しながら漬物を食べるから、その子は毎日、夕方になると「漬物、漬物」と言いながら台所にやってくるというのです。

これは絵に描いたような一家団欒の夕食風景です。幼い子は、筋書きがわかった食卓の漬物をめぐる展開を、毎回楽しんでいるのです。四人の大人は毎回、微妙にほめ言葉や喜ぶ表情を変え、漬

修学旅行にて

物の種類ごとのおいしさを幼児に伝えています。こんな幼い子が〝家族が喜んでくれることを思い描いて〟包丁を手にしているのです。〝人のために生きる喜び〟を学んでいるのです。これは〝漬物を切ってくれてありがとう〟〝お前はわが家になくてはならない子だ〟という親からのメッセージになっています。

この「漬物を切る」は、「ご飯を炊く」「味噌汁の具を切る」「野菜を炒める」「魚を焼く」「てんぷらを揚げる」など、いくらでも変化・発展させることができます。

もう少し大きくなれば、この話のような大きなリアクションはなくても、「うん、うまい」だけで子どもの「心の空腹感」は満たされていくものなのです。子どもが同じことを「もう一回」「今日もしたい」と言ってきているうちは続ける価値があります。

余談で、私の考えを少し述べてみます。子どもの心のなかに「愛情をためる器」が形成されていくイメージの話です。

毎日漬物を切りたがっている場面は、家族から注いでもらう「愛情をためる器」が子どもの心のなかに形成されている時間です。自分が切った漬物を「おいしい」と言ってくれることは、この上なく心地よい時間です。家族に愛されていることを強く感じるからです。ところが小さな子どもには「愛情をためる器」がまだ形成されていませんから、家族が注いでくれた愛情は、ザルの目を水がすり抜けるように、子どもの心をすり抜けてしまうのです。心地よく感じる「愛情」をためることができないから、心地よく感じるためにくり返したくなるのです。

この網の目は「愛情」がすり抜ける刺激で塞がるしくみになっています。条件反射のようなものです。「愛情」を注いでもらわなければ網の目は大きなままで、いつまでも塞がらずザルのままです。同じことをくり返し要求してくる子どもは、「愛情」をもらさない器が形成されている手応えを、無意識のうちに感じています。網の目がふさがってしまうと器は愛情で満ち溢れます。「愛情をためる器」ができ、「愛情」で満たされると、子どものほうから「もう一回」を言わなくなります。

この器には、強いストレスによって穴があくこともあれば、ひびが入ることもあります。多くの場合は、親に甘えることで傷口をふさごうとします。子どもにいつもの元気がなく、一緒の時間を過ごそうとしたり、スキンシップをとろうとしたりするときがそのときです。

この器はせめて少年期のうちに形成していてほしいものです。年齢が増すほどむずかしくなるようです。幼児期が情動の基礎の形成期というのはこのことです。ザルのまま成人してしまうと、周囲がどんなに愛情を注いでくれても満たされることはありません。残酷な事件を起こした人が「ほめてもらったことがない」「謝ってくれたことがない」「愛されたことがない」という言葉を口にします。「愛情をためる器」が形成されていないと、周囲からの「愛情」をためることができず、つねに「愛情」の飢餓状態にあるようです。

話を元に戻します。「子どもを台所に立たせる」という子育て方法は、親が仕事でくたびれきっているときは強靭な体力と気力が必要です。つい「じゃまになるから、あっちへ行って」と言ったり、「こぼした」「汚した」と叱ったりすると子どもは台所から遠ざかってしまいます。忙しそうにしている親を見ると「なにか手伝えることはない?」と言ってくることがあります。大好きな親を助けたい、親の役に立ちたいと思って言っているのです。そんなとき「今はダメ。それより宿題をしていて。そのほうが助かる。それがあなたの仕事なんだから」と押し戻すと、子どもは（自分は親を助けられない子どもだ）（親の役に立たない子どもだ）（手伝わないほうが親はうれしいのだ）と思ってしまいます。これは、子どもの存在価値そのものを否定してしまう、子どもにとってはとても辛い言葉なのです。

「弁当の日」を経験した子と、経験していない子をきょうだいで持つ二人の親から同じ話を聞きました。弁当作りをしていない子は「ごはんができたよ」と呼ばないと自分の部屋から出てこないし、会話が少ないし、おいしそうに食べないし、片付けをしないで部屋に戻ってしまう。ところが弁当作りをしている子は買出し、料理も一緒にし、食材・料理法・値段・味のことでたくさん話をするし、おいしそうに食べるし、片付けもするそうです。「弁当の日」で「くらしの時間（家族の時間）」が生まれ、家族が明るくなることは、この二人の話からもわかります。

「弁当の日」を経験していない子の行動パターンは、「子どもを台所に立たせる」よりは勉強や稽古ごとを優先させた結果であって、そのように育てたということです。子どもに家事をさせないで学習塾に通わせたり、ピアノを習わせたりすることが親の義務だと思って子育てをしてきた親は多いようです。

親は子どもに「家族よりも学習塾やピアノが大切」と教えているつもりはありません。子どもの高校受験や才能を伸ばすことを考えれば、「今は家事よりも学習塾やピアノが優先」と考えているだけです。けれども「食育」や「子育て」に強い関心を持って学校教育に取り組んできて、このごろ気づいたことは、「家事を大切にしない子の多くは、家族を大切にすることより、家族に大切にしてもらうことを願う自己中心的な傾向がある」ということです。「家族のためになにかをする＝

家事」経験の乏しさが、「自分は家族にしてもらう側の存在」と、子どもに思い込ませているようなのです。掃除・炊事・洗濯や学校・塾への送迎、衣服・コミック・お菓子・玩具の購入など、まるで王様待遇だからです。

現代の子どもたちを、より子どもらしく輝かせる、最も手軽な改善方法が家事をさせることです。そのなかでも料理をすることは、楽しみながら感性を磨く要素の多い家事です。「弁当の日」を、滝宮小五・六年生と国分寺中一〜三年生で実践しました。五感の発達段階を考えるともっと早いほうがいいのですが、家族への価値観の見直しには効果がありました。

「くらしの時間」を見直したいと思われたのであればタイミングを見て、それとなく簡単な仕事からやらせてみることです。そして、しっかりと「とっても助かったよ。ありがとう」と言えばいいのです。子どもは喜ぶことでしょう。少々の不出来には目をつぶらなくてはいけません。初めから親と同じレベルの仕事ができるはずがないのですから。また「今度も手伝って」と言いたくなりますが、その言葉も呑み込んで「今度も手伝うよ」と言ってくるまで我慢することです。これは小さな年齢の子どもほど効果的です。

何人かの方から、「早速、孫を相手に漬物でやってみました。夕食が明るくなりました。見事に変わりました」との反応をいただいています。漬物を食べる場面は、食べる順番で祖父母を父母が大切にする場面を子どもに見せるという役割もはたしています。「どうしておじいちゃんやおばあちゃんが先に食べるの？」と子どもが問えば「お父さんを育ててくれたのはおじいちゃんとおばあちゃんやから、二人に一番に食べてほしいんや。おじいちゃんとおばあちゃんに〝ありがとう〟という意味や」と言えばいいのです。

これ以上の説明をすることはありません。「だからお前もお父さんやお母さんを大切にしなさい」と言ってはいけません。とくに七歳ごろまでの子どもは親がすることをまねますから、（僕もお父さんとお母さんを大切にしよう）と考えて行動するようになります。祖父母のおかげで父母がいて、父母のおかげで子が育つのです。そのことを無意識のうちに学ぶのが、こんな食卓なのです。年長者を大切にするようになれば、年長者の言うことを聞くようになります。

地域に食の行事を

この六年間、滝宮小学校では地元の児童館で、国分寺中学校では文化センターで、冬休みになると餅つきが行なわれていて、私は地元校の校長として案内を受け、カメラをさげて参加し地域の人々の交流の様子を写真に収めてきました。時間の都合がついた教職員も参加しています。

昨年末の餅つきのとき、若い先生が「こんな餅つきをしたのは初めてです」と感想をもらしているのを聞きました。二〇人近い大人に小さな子どもも混じって八升（一二キログラム）の餅をつきました。鏡餅、白餅、あん餅、柳餅、色餅のほとんどを石臼でつきました。参加した人たちの昼食も準備しますから、前日から大変な準備です。もち米を洗う人、蒸す人、杵でつく人、杵どりの人、ついた餅に餡を包んでちぎる人、それを丸める人、近所に配る準備をする人、昼食の打ち込みうどんを作る人……。調理場は人でごった返し、片付けが済むまで大騒ぎです。

かつて、日本中の村落共同体でハレの日には共同で郷土のご馳走を作り、技も味もみんなで継承していきました。作りながら世間話をし、ともに笑い、同じ釜の飯を一緒に食べ「地域はひとつ」の連帯感を育んできたのです。そして村の子どもは村の宝でした。

そのころは、若者たちや不審者による、背筋の凍るような犯罪は今ほど発生していなかったように思います。戦後数十年間の、個人を尊ぶ社会の進展が地域ぐるみで子どもを安全に育む環境を脆弱にしています。ごく近所の出来事も「他人事」になってきているからです。昨今の犯罪の発生が、地域のあり方に大きな問題提起をしてくれているわけです。不審者対策で全国に、下校時の児童・生徒の安全確保のための「見回り隊」が急増しています。しかし、「見回り隊」の活動だけでは地域民の一体感・連帯感はむずかしいでしょう。より連携を深めるのであれば、飲食をともにするに限ります。

花見や端午の節句、秋祭り、鍋の会、桃の節句などの名目で、季節の料理や郷土料理を作り飲食する会を、地域の人が気軽に計画し、共同作業を楽しむ関係を作っておけば、おのずと地域も安全

滝宮小でも記念撮影

著者の竹下さんが撮影したこの写真は、東京・丸の内国際フォーラム内「ごはんミュージアム」及び読売新聞社主催の「ごはんと笑顔フォトコンテスト」（2007年３月24日発表）で、全国から寄せられた1171点の中から、最優秀作品３点のうちの読売新聞社賞に選ばれました。

になります。地域住民のお互いの心理的距離が近くなれば、一人ひとりが「地域に安全を確保する眼」で見るようになるからです。逆に気軽に話せる人が地元にほとんどいない地域であれば、歩いていてもどこか心許なく、眼が宙にさ迷いがちになります。これでは安全・安心な街ではないということです。どんな事件が起きても「他人事」になってしまいます。

私は「ともに食を楽しむ共同作業をすれば地域が安全になる」と思っています。親密な関係であることを表現した「同じ釜の飯を食った仲」という諺もあります。安全な街づくりや地域の食文化の継承を確かなものにするために、たとえば地域が「連合餅つき」を実施する旨を申し出てくれれば、場所・道具・経費を行政が賛助するのもひとつの方法です。小さな子どもがいる家庭の人が集まる「子ども会行事」でも、保育所・幼稚園・学校関係の「PTA行事」でもなく、地域の全戸を対象にして、希望者全員による「地域行事」を行政側が推進すればいいのです。餅を作るための共同作業をするうちにお互いが顔見知りになり、日常生活での街角の会話が増えていきます。打ち込みうどんを作って食べ、飲んでいるうちに仲間意識・家族意識が高まるからです。

行政側は参加者が「老若男女が共同で、杵を使って餅をつくのは楽しい」「近所の人と懇意になれる」「買うより安い」「わが子を近所の人が覚えてくれる」「今年参加しなかった人に、来年は声をかけよう」「うどんが一人で打てるようになってきた」など、「お得感覚」を味わえる程度の参加費を設定すればいいのです。この取り組みは「子どもたちの健全育成・安全確保」に直結すると思っています。防犯カメラや警備員の雇用などは少しの効果はあっても、逆に地域民の依頼心が増していくのでプラスマイナスゼロになるのです。いや、お金を払う分はマイナスかもしれません。そして「お金を払ったんだから、ちゃんとやってくれ」という気持ちが、地域から自分を疎遠にしてしまうように思います。

「弁当の日」は「まなびの時間」の学校側からはたらきかけて、家庭に「くらしの時間」を生み出す役割を担っています。地域の「食の行事」は「あそびの時間」を充実させ、地域を活性化し安全を確保する効果をもたらすことでしょう。

おわりに

人類は社会生活を営むことで繁栄してきました。社会生活とは協同と分業です。協同は、一人ではできないことを大勢で成し遂げる方法で、量による解決手段です。分業は大きな仕事を、異なる多様な仕事に分割して成し遂げる方法で、質的な解決手段です。協同は「みんなと同じことができる」人が集まり、分業は「みんなと違うことができる」人が集まり、社会に貢献します。どうも人間という動物は、何百万年という長い社会生活の過程で「社会に貢献することで存在感を得る」という遺伝子を獲得したように思えるのです。

私は、子どもが背伸びして、はやく一人前（大人）になりたいと願うのは、自分が社会に貢献することができる存在であることを確認しようとしているのだと考えています。「大人になんかなりたくない」というのは、大人になろうとして挫折したままの子どもの言葉です。

「自分はみんなと同じことができない」という不安、「自分にしかできないことはなにもない」という焦りが、「だから私は愛されない」とねじれて、子どもたちの深刻な「心の空腹感」「存在感のなさ」「生きていく価値のなさ」をまねくようです。子どもたちのひき起こすさまざまな「問題行動」は、かたちを変えた「自傷行為」に思えるのです。

人はどんなときに「自分は存在する価値がある」と感じるのでしょう。端的に言えば「ありがとう」と言われたときです。自分がしたことに感謝の言葉が返ってきたときです。またしてあげたくなります。また言ってほしくなります。何度も言ってもらっているうちに、自分の存在価値に不安を感じなくなります。そのうちに「ありがとう」と言ってもらわなくても、社会における自分の存在価値を想像する力ができあがります。この「想像力」は、自分も人によって支えられていることを想像する力と表裏一体の関係です。そして「感謝する心」と重なっています。

「弁当の日」は家庭のなかで「心の空腹感」を埋め、「存在感」を子どもたちに感じさせる食育方法です。「たった一人で弁当作りのすべてをしなければいけない」という環境に子どもをおけば、「生きる力」がおのずと目覚め、自立していきます。子どもは「心の空腹感」を埋めてくれた人、「存在感」を感じさせてくれた人に感謝し、その人の教えに従うようになります。そのスタートが「くらしの時間」（家庭）であり、これは親の仕事です。その親が信頼を寄せる教員が「まなびの時間」（学校）を担当します。

「弁当の日」は、家庭に「くらしの時間」を生み出し、学校の「まなびの時間」と連携して、子どもたちの健全育成に励みましょうという提案です。幸いなことに、滝宮小学校と国分寺中学校で実践することができました。小・中学校で実践可能な食育実践だと思っています。「全国に実践校ができるまで〝弁当の日〟の広告塔になろう」と決心して四年が過ぎました。平成一七年度末には、全国で六県一四校が実施校になりました。前作のあとがきで「閉塞した日本の教育界に風穴を開ける」と書きましたが、やっと小さな風穴は開いたと思っています。

あなたの学校や地域においても、「弁当の日」によって「くらしの時間」を見直してみませんか。

滝宮小学校のとき以上に、国分寺中学校での「弁当の日」実施は多くの難題を抱えていましたのに、二年目を終えることができました。取材や視察に来た人が「国分寺中学校の先生方ってすごいですね」と、よくほめてくださいます。何度も聞かされるので、両校にすばらしい教職員が集まっていたから「弁当の日」が実施できた、と思うようになりました。

子どもたちを、自分一人だけで弁当を作ることができるようにするためには、放任にも過保護にもならない〝さじ加減〟が必要です。スタート時点から〝さじ加減〟のできる支援的家庭が多かったおかげだろうと、全校生徒やたくさんの保護者のコメントを読んで思いました。また、新聞やテレビ、雑誌の取材に協力をしてくださったご家庭は、「弁当の日」を、子どもが育つ環境を全国レベルで改善する運動として実践している私にとって、とてもありがたい応援団でした。

「弁当の日」は学校から家庭に連携を呼びかけた教育実践です。けれども「弁当の日」を実施すれば、すべてうまくいくというわけではありません。今は、生徒たちが、学校にできることや親にできることを教えてくれたばかりという心境です。子どもたちが育つ環境を整えるために、やっとスタートラインに立てた気分です。

今回も前作同様に、私の散漫な文章にお付き合いいただき、発刊まで漕ぎつけてくださった自然食通信社の横山豊子さんとフリー編集者の山家直子さんに心からお礼を申し上げます。また、フリーライターの渡辺智子さんがプロローグに、国分寺中学校のレポートを書いてくださったおかげでとても読みやすい本になりました。厚くお礼を申し上げます。

平成一八年三月三一日

高松市立国分寺中学校　校長　竹下和男

（平成二〇年四月より香川県綾川町立綾上中学校校長）

著者

竹下和男（たけした　かずお）

1949年、香川県生まれ。香川大学教育学部卒。

県内の小・中学校・教育行政職を経て、2000年より綾南町立（現綾川町）滝宮小学校、2003年より国分寺町立（現高松市）国分寺中学校、2008年より綾川町立綾上中学校校長。2010年3月退職。「子育て」や「食育」について全国で講演中。著書『〝弁当の日〟がやってきた』（共著・自然食通信社）『始めませんか 子どもがつくる「弁当の日」』（共著・自然食通信社）『安藤昌益』（共著・光芒社）『泣きみそ校長と弁当の日』（共著・西日本新聞社）他。

香川県高松市立国分寺中学校

「弁当の日」ホームページも出来ました。

各地からの実践報告や、講演・イベントなど最新の情報をお知らせしています。http://d.hatena.ne.jp/bentounohi/

※2018年3月現在で、「弁当の日」実践校は47都道府県1893校に。

台所に立つ子どもたち

〝弁当の日〟からはじまる「くらしの時間」—香川・国分寺中学校の食育

シリーズ・子どもの時間❹

2006年 5 月15日　初版第 1 刷発行
2018年 3 月10日　　　第10刷発行

著　者　竹下和男／香川県高松市立国分寺中学校
発行者　横山豊子
発行所　有限会社自然食通信社
東京都文京区本郷2-12-9-202
電話03-3816-3857　FAX03-3816-3879
http://www.amarans.net
振替00150-3-78026

本文組版　ACT・AIN 岡田剛士
本文印刷　吉原印刷株式会社
表紙・カバー・別丁扉印刷　東光印刷所
製　本　積信堂

ISBN4-916110-64-1 C0037

シリーズ　子どもの時間

シリーズ⑤

始めませんか　子どもがつくる「弁当の日」

【対談】竹下和男（香川県綾川町立綾上中学校校長）
&
鎌田　實（諏訪中央病院名誉院長）

定価　一六〇〇円＋税

小さな実践、大きな改革。

弁当づくりを通して、「してもらう」より、「心をこめてしてあげる」喜びに目覚める子どもたち。子どものなかの計り知れない力に親も学校も開かれていく数々の"事件"に鎌田氏は「目からウロコ！」と幾度も膝を叩き、「『弁当の日』は、学校の小さなイベントが、実は教育現場を揺るがすような大きな構想に裏打ちされている」と、激賞。

シリーズ❶

からだといのちと食べものと

鳥山敏子著　定価　一六〇〇円＋税

「ジャガイモの声を聴こう」「さっきまで生きていた豚の腎臓だよ」人間は無数のいのちをもらって生きていることを学ぶ子どもたち。教室の枠を越え、さまざまな人や生き物を介して広がる授業体験のなかで、子どもたちのからだは生き生きとした鼓動を取り戻していく。〈絶版〉

シリーズ❷

おもしろ学校ナトリのライブ

名取弘文著　定価　一六〇〇円＋税

「いいじゃない。おもしろいだけで」子どもたちと雑踏の中へ飛び出し、ゲストを呼んでの公開授業で大いに盛り上がる。あれしちゃいけない、これはまずいの学校の中、時にとぼけて、時にマジの自分に照れながら切り返す家庭科専科ナトリの技の数々。軽やかでイキのいいライブ仕立てでお届けします。

シリーズ❸

"弁当の日"がやってきた

子ども・親・地域が育つ香川・滝宮小学校の「食育」実践記

竹下和男／香川県綾南町立滝宮小学校著　定価　一六〇〇円＋税

「親は決して手伝わないで」校長のひと声から、月に一度、給食をストップし、五、六年生全員が家で弁当を作るという全国初の試みがスタート。親たちの不安を吹き飛ばしたのは、子どもたちが持ち寄った自慢弁当と誇らしげな笑顔。食べものの「いのち」や育てる人とも出会う弁当づくりは、子どもたちの心の扉も開いた。